아버지는 말하셨지 너희는 행복하여라

김성동 지음

철학과현실사

감사의 글

우선 "아버지는 말하셨지"라는 카피로 우리의 감수성을 자극해 준 카피라이터에게 감사한다. 그리고 이 책에 인용된 많은 그림들에 대하여 원저자들에게 양해를 구하고 감사를 표한 뒤에 사용하는 것이 마땅하겠으나, 일일이 이를 할 수가 없어서 대신 이 자리를 빌려 양해를 구하고 감사를 표한다.

머리말

    김상용 시인은 「남으로 창을 내겠소」라는 시에서 "왜 사냐건 웃지요"라는 말을 남겼다. 시인은 웃어도 되지만, 우리 같은 세속사람은 왜 사냐면 그 물음에 정답을 내어야 한다. 우리는 대체 왜 사는가?

    고대 그리스의 철학자이자 마케도니아 알렉산더 대왕의 스승이기도 했던 아리스토텔레스는 행복이 바로 우리가 사는 궁극적 이유라고 지적하였다. 오늘 우리가 신봉하고 추종하는 공리주의를 창시한 벤담은 최대다수의 최대행복이 사회의 목적이라고 설명하였다.

    오늘 우리는 행복하고자 하고 행복할 수 있다고 믿지만, 현실은 여전히 불만족스럽고 "행복은 오히려 멀어지고 있는 것이 아닌가?" 하고 의심하게 된다. 우리 모두가 이렇게 느끼는 데에는 상당한 이유가 있다.

    어떻게 행복에 이를 수 있는지를 말하는 여러 사람들의 이야기를 이 책에 모았다. 이야기를 듣고 생각하면서 "행복에 이르는 구체적인 길은 어떤 것인가?"라는 질문을 함께 생각해 보기 바란다.

2007년 봄 김성동

아버지는 말하셨지 너희는 행복하여라!
아리스토텔레스도 말했지 행복은 삶의 유일한 목표라고

차례

우리가 사는 이유는?

행복하기 위하여!

마디 10. 행복이란 무엇인가?

1776년 미국의 독립선언서에 토머스 제퍼슨(Thomas Jefferson, 1743-1826)은 이렇게 적었다. "우리는 다음과 같은 사실들이 자명하다고 믿는다. 모든 사람은 평등한 존재로 창조되었다. 모든 사람에게 하느님은 떼어낼 수 없는 권리들을 부여하였는데, 이러한 것들에는 생명의 권리, 자유의 권리, 행복추구의 권리가 있다."

하지만 '떼어낼 수 없다' 는 말은 수사에 불과했다. 떼어내어진 생명의 권리, 자유의 권리를 되찾기 위하여 인류는 오래 투쟁해 왔고 어느 정도 성과도 거두었다. 그러나 행복추구의 권리를 되찾기 위한 노력은 이제 막 시작한 것으로 보인다. 이 권리를 누리기 위하여 우선 행복이 무엇인지부터 알아보자.

돈과 명예가 필요한 이유는?
부자나 유명인이 되기 위하여가 아니라 행복하기 위하여!

마디 11. 행복을 알 수 있는가?

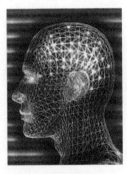

머리

우리 머리 안에 있는 것을 머리 밖에 있는 것처럼 이야기하는 것은 매우 어렵다. 머리 밖에 있는 것은 그것을 보는 두 사람이 서로 이야기하면서 서로의 생각을 비교할 수 있지만, 머리 안에 있는 것은 혼자서는 볼 수 있어도 다른 사람과 같이 볼 수는 없기 때문이다. 행복은 이렇게 머리 안에 있는 어떤 것이다. 그래서 행복이 무엇인지 간단히 이야기하기는 매우 어렵다.

하지만 일상적으로 자신이 행복한지 불행한지를 모르는 사람은 별로 없다. 설문조사에서 조사자가 무엇을 물었을 때 '모르겠다'라는 답변을 선택할 수도 있다. 하지만 자신이 전체적으로 보아 행복한지 불행한지를 물었을 때 이 '모르겠다'를 선택하는 사람은 거의 없다. 다른 조사보다 행복에 대한 조사는 매우 높은 응답률을 보인다.

나아가 설문조사는 단순히 우리가 행복한지 불행한지만을 묻지 않는다. 설문조사는 보통 우리가 '어느 정도' 행복한지를 묻는다. '아주 행복하다'에서 '아주 불행하

행복을 알 수 있는가?
사람들은 자신의 성격보다 자신의 행복에 대해 더 잘 안다.

다'까지를 10단계로 나누고 그 중에서 어떤 것을 선택하게 하거나, '행복할 경우 몇 %나 행복합니까?'라고 물어서 %를 적게 한다. 사람들은 이러한 질문들에 대해서도 잘 대답한다.

어떤 경우에는 다음과 같은 그림을 보여주면서 묻기도 한다. 사람들은 이런 그림만으로도 자신의 행복도를 망설이지 않고 답한다. 여러분도 지금 얼마나 행복한지 자신의 모습을 아래 그림에서 한번 찾아보시라!

하지만 우리는 나의 **행복**만을 아는 것이 아니라 남의 **행복**도 안다. 어떤 사람이 답변한 내용을 검증하기 위하여 그녀의 친구나 동료에게 그녀의 행복도를 묻는 질문을 하기도 하고, 심지어는 그녀를 처음 만난 조사자에게 그녀의 행복도를 묻기도 한다. 그들의 답변도 그녀의 답변과 크게 다르지 않다.

이렇게 일상적으로 잘 아는 행복에는 두 요소가 있다. 하나는 감각적인 행복인 쾌락이고 다른 하나는 **종합적인 행복**인 만족이다. 목이 마를 때 물을 마시고 배가 고플 때 음식을 먹는 것은 감각적인 쾌락을 준다. 하지만 애써 일해서 무엇을 성취할 때 우리는 감각적인 고통과 더불어 종합적인 만족을 얻기도 한다. 우리가 자신의 행복 여부를 판단할 때는 어느 정도의 기간에 걸쳐 있는 쾌락과 불쾌, 만족과 불만족을 종합하여 말한다.

행복을 알 수 있는가? 일상적으로는 잘 알 수 있다.

남의 행복도 알 수 있을까?
친구나 동료는 물론이고 조사자까지도 거의 일치하는 판정을 내린다.

마디 12. 행복하다고 말하는 사람은 정말 행복한가?

자신의 행복도를 묻는 물음에 답하는 사람들의 이야기를 과연 믿을 수 있는가? 주변 사람들의 그 사람의 행복도에 대한 평가가 그 자신의 평가와 일치한다고 하더라도, 그것이 과연 그 사람의 진짜 행복도인가? 그 사람에 대한 어떤 정신적 조작이 그를 실제와는 다르게 행복하다고 또는 불행하다고 느끼게 만들고 있는 것은 아닌가?

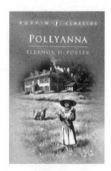

『폴리애나』

1919년에 발간된 포터(Eleanor Porter)의 소설 『폴리애나(Pollyanna)』에서 이름을 가져온 폴리애나 증후군이 있다. 이는 양친을 잃고, 혼자 사는 숙모와 함께 살면서도 끝없이 행복하여 불행한 숙모마저 결국은 행복하게 만든 소녀 폴리애나처럼 사람들이 불행한 정보보다 행복한 정보를 더 쉽게 지각하고, 기억하고, 교환하는 현상이다.

하지만 어떤 이유로든 행복한 사람은 행복한 사람이다. 어떤 심리연구가가 지적했던 것처럼, "네가 행복하다면, 너는 행복한 것이다. 그것이 행복이라는 단어가 사용되는 방식이다." 물론 이러한 행복이 머리 바깥의 어떤 것을

자신이 불행하다고 느끼는 사람은 정말 불행하다.
그런 사람에게 남이 너는 행복하다고 말해도 상황은 바뀌지 않는다.

변화시키지는 않는다. 하지만 머리 안은 분명 변화시킨다.

색안경

어떤 이유로든 행복한 것은 행복한 것이라고 하더라도, 사람의 행복도가 언제나 같은 것은 아니다. 어떤 때는 아주 행복해지기도 하고 어떤 때는 아주 불행해지기도 한다. 월드컵에서 국가대표팀이 승리를 거둘 때 사람들은 까닭 없이 행복할 수도 있다. 하지만 패배하면 마찬가지로 까닭 없이 침울할 수도 있다.

그러므로 어떤 한 시점의 그 사람의 행복도를 그 사람 전체의 행복도라고 볼 수는 없는 것이 아닌가? 지금은 특별한 시간이기 때문에 시간이 지나면 행복도를 묻는 질문에 대한 답이 달라지는 것은 아닌가?

물론이다. 사람들의 기분은 변덕스럽게 바뀐다. 기분이 좋을 때는 세계나 기억이나 사람들이 모두 좋게 보이다가, 기분이 나빠지면 그러한 것들이 모두 나쁘게 보인다. 사람들은 그러한 경험을 색안경을 쓰는 경우로 비유하는데, 예컨대 기분이 좋을 때는 장밋빛 안경을, 기분이 나쁠 때는 회색빛 안경을 쓴 것과 같다고 말한다. 그러면서도 사람들은 그때그때의 모습을 환상이 아니라 실제라고 주장한다.

그러므로 사람들이 한 시점에서 말하는 자신의 행복도는 분명 모든 시점에서의 그 사람의 행복도를 대변하는 것은 아니다. 하지만 조사통계는 여러 시점에서 행복도를 물어보아도 대개는 비슷한 대답을 하고 있음을 보여준다. 만약 불일치한다고 해도 한 순간 그 사람의 행복도는 그것만으로도 충분히 독자적인 가치가 있다.

행복하다고 말하는 사람은 정말 행복한가?
그렇다. 정말 행복하다.

행복감은 시시각각으로 바뀔 수 있지만
전체적으로 말해 보면 크게 바뀌지 않는다.

마디 13.   행복을 측정할 수 있는가?

몸의 기억이라는 것이 있다. 자전거 타기와 타자 치기 그리고 수영하기와 같은 능력들이 여기에 해당된다. 이런 것들은 머리로 기억하고자 해서 기억되는 것이 아니라 연습을 통해 몸에 익힘으로써 기억된다고 말한다. 하지만 실제로 기억되는 곳은 우리 머리의 어느 곳이다. 다만 우리의 일반적인 기억과는 달리 의식적으로 기억되지 않고 무의식적으로 기억되기 때문에 그렇게 말할 뿐이다.

마찬가지로 우리는 때로 행복을 가슴으로 느낀다고 말하지만 가슴으로 행복을 느낄 수는 없다. 왜냐하면 가슴의 통증 또한 머리에서 느끼지 않는다면 느낄 수 없기 때문이다. 팔다리가 없는 경우에도 착각에 의하여 없는 팔다리에서 통증을 느끼는 것은 바로 이런 까닭이다. 그러므로 행복은 머리로 느낀다.

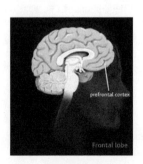

전두엽피질

그렇다면 행복은 두뇌의 어디에서 느껴질까? 행복과 불행은 대뇌 앞쪽에 자리한 전두엽피질의 왼쪽과 오른쪽에서 느껴진다. 사실 이러한 발견은 앞 머리의 왼쪽을 다친

몸의 기억이 저장되는 곳은?
몸이 아니라 머리이다.

사람이 부정적인 감정을, 오른쪽을 다친 사람이 긍정적인 감정을 보이는 이상 현상으로부터 시작되었다.

여러 측정 장치 즉 뇌파기록장치(EEG: electroencephalogram)나 자기공명장치(MRI: magnetic resonance imaging)나 양전자방사단층촬영법(PET: positron emission tomography)을 사용함에 따라 행복할 때 왼쪽에, 불행할 때 오른쪽에 많은 생체전류가 흐른다는 사실이, 즉 그 부분이 활성화된다는 사실이 밝혀졌다.

신생아에서도 이러한 반응을 확인할 수 있다. 신생아의 입에 달콤한 것을 물렸을 때와 씁쓸한 것을 물렸을 때 그에 따라 왼쪽과 오른쪽이 활성화되는 것을 볼 수 있다. 30개월 정도 된 아기들 중에서 왼쪽이 쉽게 활성화되는 아기들은 모험적이지만, 오른쪽이 쉽게 활성화되는 아이들은 불안하여 어머니와 떨어지지 않으려는 특성을 보인다.

EEG

어른의 경우 왼쪽이 더 쉽게 활성화되는 사람은 상대적으로 긍정적인 느낌이나 기억을 많이 보이고 더 자주 미소를 지으며 일반적으로 더 행복한 사람이라고 평가받는다. 오른쪽이 더 쉽게 활성화되는 사람은 물론 이에 반대되는 특성을 보인다. 나아가 어려운 상황에 처했을 때도 왼쪽이 더 쉽게 활성화되는 사람은 스트레스를 덜 받는 반면, 오른쪽이 더 쉽게 활성화되는 사람은 더 큰 스트레스를 받는다.

물론 이러한 측정의 역도 가능하다. 다시 말해 기분에 따라 활성화되는 전두엽피질에 강력한 자석을 갖다 댐으로써 이러한 활성화를 일으킬 수 있는데, 이러한 방법은 우울증을 완화시키는 데에 실제로 사용하고 있기도 하다.

행복을 측정할 수 있는가?
대개는, 전두엽피질의 활성화를 통하여

전두엽피질의 왼쪽이 활성화되면 행복한 것이며
오른쪽이 활성화되면 불행한 것이다.

〈온라인 타임지가 제공하는 행복관련 자료들〉

당신의 행복을 측정하세요!

당신은 얼마나 행복하십니까? 분명, 당신은 당신이 알고 있다고 생각할 것입니다. 하지만 이 간략한 테스트는 당신의 행복지수를 알려줄 것입니다. 삶에 대한 만족도 지수는 1980년 일리노이 대학의 심리학자 디너(Edward Diener)에 의해 고안되었습니다. 그는 행복연구의 개척자들 중의 한 사람입니다. 그 이후 이 지수는 전 세계의 많은 연구자들에 의해 사용되어 왔습니다.

다음 다섯 진술을 읽고, 당신과 일치하는 수준을 1번에서 7번 사이에서 골라 클릭하시오. 1과 2는 '전혀 그렇지 않다', 3, 4, 5는 '대강 그렇다'. 6과 7은 '아주 그렇다'를 가리킵니다.

A. 대개의 경우 나의 삶은 이상적인 삶에 가깝다.
  1○ 2○ 3○ 4○ 5○ 6○ 7○
B. 나의 삶의 조건은 아주 좋다.
  1○ 2○ 3○ 4○ 5○ 6○ 7○
C. 나는 나의 삶에 만족한다.
  1○ 2○ 3○ 4○ 5○ 6○ 7○
D. 이제까지 나는 내가 살면서 원했던 중요한 것들을 가졌다.
  1○ 2○ 3○ 4○ 5○ 6○ 7○
E. 내가 삶을 다시 살 수 있다고 해도 바꿀 것이 거의 없다.
  1○ 2○ 3○ 4○ 5○ 6○ 7○

우리는 얼마나 행복할까요?

1. 당신은 얼마나 행복합니까?

수입	대개는	때때로	가끔
연 35,000달러 이하	68%	24%	7%
35,000-49,000달러	81%	14%	5%
50,000-99,000달러	85%	13%	2%
100,000달러 이상	88%	11%	1%
전체	78%	16%	5%

2. 기분을 좋게 하기 위하여 무슨 일을 합니까?

하는 일	여자	남자
친구나 가족과 대화	63%	51%
음악 듣기	55%	52%
기도나 명상	51%	38%
어려운 사람을 돕기	45%	39%
목욕이나 샤워	47%	35%
반려동물과 놀기	38%	30%
운동이나 산책	24%	30%
친구들과 외출	29%	27%
먹기	24%	25%
드라이브	20%	21%
성행위	18%	25%

3. 당신의 인생에서 가장 큰 행복을 가져다 준 일을 고르면?

자녀 35% 가족 17% 신앙 11% 배우자 9% 결혼 5%

4. 행복의 주된 원천은 무엇입니까?

아이들과의 관계 77%   친구나 우정 76%   타인에 대한 기여 75%   배우자와의 관계 73%

삶에 대한 통제력 66% 여가생활 64%   부모와의 관계 63%   종교생활 62%

마디 14.   행복은 유전되는가?

행복의 측정을 이야기하면서 언급한 것처럼, 사람들 중에는 왼쪽 전두엽피질이 쉽게 활성화되는 사람이 있고 오른쪽 전두엽피질이 쉽게 활성화되는 사람이 있다. 왜 이런 차이가 있는 것일까? 생각할 수 있는 첫째 이유는 그렇게 타고났기 때문이다. 즉 유전적으로 그렇게 되도록 결정되었기 때문이다.

일란성 쌍둥이

유전자가 행복에 미치는 영향을 알아볼 수 있는 손쉬운 방법은 일란성 쌍둥이를 조사해 보는 것이다. 이들이 다른 환경에서 자라면서도 같은 모습을 보인다면 그러한 같은 모습은 유전자에 기인하는 것이라고 볼 수 있다. 연구자들은 보통 쌍둥이 중의 하나가 환경이 다른 가정에 입양된 그런 쌍둥이에 대해 조사함으로써 이러한 연구를 수행한다.

연구결과 쌍둥이들에서 행복감의 40% 이상이 적어도 유전에 기인한다는 것이 밝혀졌다. 이러한 유사성은 다른 심리적 특징에 대한 연구에서도 확인된다. 한 쌍둥이

유전과 환경은 얼마나 우리의 삶을 결정하는가?

각각 50% 전후

에게 어떤 심리적 문제가 있을 경우 다른 쌍둥이에게서 그러한 문제가 나타나는 정도는 대개 40%에서 60% 정도가 된다. 환경이나 개인에 따르는 차이가 있겠지만 평균치에 입각해서 말하자면 유전자가 우리의 심리적 특징을 좌우하는 정도는 이 정도가 된다고 볼 수 있다.

그렇다면 후천적 특징 즉 환경이 우리의 심리적 특징을 좌우하는 정도는 얼마나 될까? 이러한 물음에 대한 답도 마찬가지 연구에서 얻어진다. 일란성 쌍둥이 중 어느 한 아이가 더 긍정적으로 대우를 받을 경우 일곱 살 정도에 이르면 이미 나머지 아이와 다른 모습을 보이는 것을 발견할 수 있다. 평균치로 이야기하자면 유전자가 좌우하지 못하는 나머지 60%에서 40%가 환경의 몫이라고 할 수 있을 것이다.

하지만 선천적인 요소든 후천적인 요소든 어떤 것이라도 결정적이라고 말할 수는 없다. 우울증과 관련하여 수행된 세밀한 연구는 어떤 유형의 유전자를 가지고 있고 적절하지 못하게 양육될 경우에 우울증이 나타난다는 것을 확인하였는데, 그러한 유형의 유전자를 가지고 있어도 적절히 양육되거나, 적절하게 양육되지 않더라도 그러한

우울증

유형의 유전자를 가지고 있지 않을 경우 우울증이 발현되지 않음을 또 확인하였다.

어린이의 경우 유전이든 양육이든 모두 자신이 결정할 수 있는 부분이 아닐 수 있지만, 어른의 경우 후천적인 요소는 스스로 제어할 수 있는 가능성이 있다. 위의 경우에서 볼 수 있는 것처럼, 운이 좋으면 노력하지 않아도 우울증에 걸리지 않을 수 있고, 운이 나빠도 노력하면 우울증에 걸리지 않을 수 있다. 우리의 타고난 행복에 대한 소질은 다를 수 있다. 하지만 소질이 나쁘다고 해도 노력한다면 행복할 가능성은 언제나 있다.

행복은 유전되는가? 50% 전후, 하지만 유전적으로 결정되지는 않는다.

유전이든 환경이든
인간의 삶을 절대적으로 결정하는 것은 없다.

마디 15.   누가 더 행복한가?

남자와 여자

남자와 여자 중에 누가 더 행복할까?

일반적으로 남자가 이 세계에서 여자보다 나은 대우를 받고 있다. 지구의 많은 지역에서 아들이 태어날 때 환영을 받는 반면 딸은 덜 환영받는다. 평균적으로 보자면 임금도 남자가 많이 받고 있고 높은 자리도 남자가 많이 차지하고 있다. 그래서 남자가 더 행복할까?

아니면 남자가 이 세상을 지배하고 있다고 해도, 그 남자를 지배하고 있는 것은 여자이기 때문에 여자가 더 행복할까? 아니면 여성이 다른 사람들과 더 친밀하고 다른 사람들의 행복에 더 공감하기 때문에 더 행복할까?

한 조사에 의하면 80%의 남녀가 자신들의 삶에 만족한다(satisfied)고 대답하였으며, 21%의 남자와 24%의 여자는 아주 행복하다(very happy)고 대답하였다. 남자와 여자는 행복도에서 큰 차이를 보이지 않는다. 여러 조사들에 대한 한 분석은 남녀의 차이는 1% 미만이라고 보고하고 있다.

남자와 여자, 직장여성과 전업주부 중 누가 더 행복할까?
별로 차이가 없다.

그렇다면 기혼 직장여성과 전업주부 중에 누가 더 행복할까?

여성들도 자아를 실현하기 위해서는 직업을 가져야 한다고 주장하는 그런 페미니스트들이 있는 것으로 보아서 직장여성이 더 행복할까? 아니면 한문의 안(安) 자가 의미하는 것처럼(한문의 편안할 安 자는 집을 뜻하는 宀과 여자를 뜻하는 女의 결합이다) 여자가 집에 있을 때 즉 전업주부일 때 더 행복할까?

서양의 경우 1890년에는 기혼여성의 14%가, 1940년에는 25%가, 1990년에는 60%가 직장생활을 하고 있다고 하는데, 이러한 취업률의 확대나 주부의 취업에 대한 견해의 변화에도 불구하고, 아주 행복하다거나(very happy) 완전히 만족한다(fully satisfied)는 대답에서 직장여성은 전업주부보다 아주 조금 높은 비율을 보였을 뿐이다. 그리고 그들 남편들의 행복에도 큰 차이가 없다.

직장여성

그렇다면, 젊은 사람과 늙은 사람 중에서는 누가 더 행복할까?

사춘기는 아이와 어른 사이에 끼인 어중간한 시기이기 때문에 일반적으로 인생에서 어려운 시기로 간주된다. 노인기도 마찬가지이다. 자신과 주변에 대한 통제력을 상실하게 되고 다가오는 죽음을 기다리는 시기이기 때문에 인생에서 빛 바래는 시기로 생각된다.

하지만 이런 일반적인 통념과 달리 여러 연구에 대한 한 분석은 남자와 여자의 차이와 마찬가지로 여러 연령대의 차이도 1% 미만이라고 지적하고 있다. 성과 마찬가지로 나이도 행복도에 거의 결정력을 행사하지 못한다.

누가 더 행복한가? 대개의 경우 거의 비슷하다.

젊은 사람과 늙은 사람 중 누가 더 행복할까?
별로 차이가 없다.

마디 16. 무엇이 행복을 결정하는가?

앞 마디에서 우리는 나이와 성이 행복을 결정해 주지 못한다는 사실을 보았다. 이처럼 상식적으로는 행복에 영향을 끼칠 것 같지만 실제로는 영향을 끼치지 못하는 다른 요소들도 있다.

어머니와 아이

- **아이**: 여성이 자녀를 가지고 있는가 없는가는 여성의 행복에 차이를 만들지 않는다.
- **월경이나 폐경**: 여성의 심리적 상태가 동요하는 것으로 알려져 있는 이러한 기간이나 시기에도 여성들의 행복도는 거의 차이가 없었다.
- **거주지**: 유럽과 미국과 일본에서는, 사람들이 도시에 살든 시골에 살든 같은 행복도를 보였다.
- **외모**: 외모가 뛰어난 사람이 행복할 것이라고 생각하지만 이는 무관한 것으로 보인다. 다만 성형수술을 하였을 경우에는 행복이 분명히 지속적으로 증진되었다.

인종, 교육, 외모, 거주지, 아이, 생리가 행복을 좌우하는가?
별로 아니다.

• **인종과 교육**: 다인종 국가에서 인종의 차이나, 교육의 차이는 행복도에서 2% 이하의 결정력을 보인다. 물론 백인종이고 교육수준이 높을 때 행복도는 미미하게 높다.

그렇다면 실제로 우리의 행복을 결정해 주는 것들은 어떤 것들인가? 보는 관점에 따라서 다양한 요소들을 꼽을 수 있다. 세계가치조사(World Value Survey) 집단의 조사에 의하면 인간을 행복하게 하는 주요 요소는 대략 일곱 가지다.

아래에서 처음 다섯 가지는 그 중요성의 차례이기도 하다. 각 요소에서 세부내역을 구분할 수 있는 것은 또 구분하였는데, 그러한 세부내역의 괄호 속에 든 것은 행복의 수준을 10에서부터 100까지로 보았을 때, 그 세부내역이 가져오는 불행의 정도를 표시한 것이다.

세계가치조사

• **가족 관계**: 결혼(0), 동거(2), 독신(4.5), 사별(4), 별거(8), 이혼(5)
• **재정 상황**: 수입의 1/3 감소(2)
• **일**: 취업(0), 10% 이상의 실업률(3), 불안정한 직장(3), 실업(6)
• **공동체와 친구**: 세상을 믿을 수 없다고 말하는 사람이 50% 이상(1.5)
• **건강**: 건강이 20% 약화될 때(1.5)
• **개인적 자유**: 자유를 제대로 보장하지 못하는 정부(5)
• **개인적 가치**: 절대자나 진리가 나에게 중요하다는 명제를 거부(3.5)

무엇이 행복을 결정하는가?
가족, 수입, 일, 친구, 건강, 자유, 신앙

행복을 좌우하는 7대 요소는?
가족, 수입, 일, 친구, 건강, 자유, 신앙

마디 17. 셋 포인트란 무엇인가?

식사

진화론적 생물학자들은 인간이 진화하는 동안에 인간이 살아남는 데에 적합한 행동을 하게 되면 행복해지는 신경전달물질이 분비되고, 불리한 행동을 하게 되면 불행해지는 신경전달물질이 분비되는 두뇌시스템을 가지게 되었다고 설명한다.

예컨대 음식을 먹거나 섹스를 할 때 행복을 느끼는 이유는 무엇인가? 음식은 개체를 유지하게 하고 섹스는 종을 유지하게 한다. 그러므로 이는 살아남는 데에 좋은 행동이다. 그러므로 음식과 섹스는 행복을 주고, 행복을 느끼는 우리는 계속하여 음식과 섹스를 추구한다.

하지만 인간이 살아남기 위해서는 동물과 달리 생리적 목표 외에도 다양한 사회적 목표들이 달성될 필요가 있다. 그래서 우리는 다양한 사회적인 목표들을 달성할 때에도 행복을 느낀다. 이것이 평사원이 대리가 되었을 때 그리하여 높은 수입을 얻을 때 행복을 느끼는 이유이고 또 과장이 되기 위하여 계속 노력하는 이유이다.

■
■ 　행복과 불행은 오래 가지 못한다.
■
■ 　지속되는 행복과 불행은 생존에 유리하지 않기 때문이다.

여기에서 우리가 주목해야 할 것은 이러한 행복이 순간적이어야 한다는 사실이다. 그것이 영원히 간다면 우리는 음식과 섹스를 계속 추구하지 않을 것이고 더 높이 승진하고자 하지도 않을 것이다. 음식과 섹스의 경우 생리적 구조상 그러한 행복이 순간적이고 오래 가지 못한다. 마찬가지로 승진이나 수입의 경우도 심리적 구조상 그러한 행복이 순간적이고 오래 가지 못한다.

인간은 적응이라는 심리적 구조를 가지고 있다. 새로운 행복을 얻게 되면 인간은 곧 그러한 새로운 행복에 적응한다. 결혼한 남녀나 수련의에서 전문의가 된 의사는 처음에는 과거보다 훨씬 행복해 하지만 얼마 지나지 않아 과거의 행복도로 되돌아간다. 이처럼 생리적이거나 사회적인 행복이 달성되거나 아니면 상실되더라도 그러한 상황에 적응하여 되돌아가는 그 사람 고유의 행복도를 셋 포인트(set point)라고 한다.

이를 이렇게 부르는 까닭은 이것이 우리가 에어컨이나 보일러에 설정하는(set) 희망온도와 비슷한 방식으로 움직이기 때문이다. 일단 온도를 설정해 두면 내려가든 올라가든 그곳에 이르면 온도변화가 멈추어진다. 마찬가지로 행복해지든 불행해지든 적응을 통하여 원래의 행복도로 회귀하여 멈추어지기 때문에 이를 셋 포인트라고 부른다.

에어컨 리모컨

이러한 셋 포인트는 물론 어느 정도는 유전자에 의해서 설정된다. 하지만 마디 14에서 이미 지적한 것처럼 유전자가 결정하지는 않는다. 유전자는 환경과 상호작용할 어떤 경향성을 가질 뿐이다. 그러므로 사실 셋 포인트는 셋 레인지(set range), 즉 한 점이라기보다는 여러 점이 찍힐 수 있는 영역(range)이다. 쉽게 변하지는 않지만 적어도 이 영역 내에서 우리는 노력을 통하여 이를 조정하여 설정할 수 있다.

셋 포인트란 무엇인가? 시간이 지나면 돌아가게 되는 개인 고유의 행복도

불변적인 개인 고유의 행복도는 왜 셋 포인트로 불리는가?
올라가거나 내려가도 언제나 그곳으로 돌아오기 때문에

마디 18. 플로란 무엇인가?

매슬로

　　마디 11에서 우리는 행복을 이루는 두 요소를 감각적 쾌락과 종합적 만족이라고 설정했다. 이러한 설정은 인본주의 심리학(Humanistic Psychology)을 제안했던 미국의 심리학자 매슬로(Abraham Maslow)의 인간의 욕구에 대한 해석에 근거해 있다. 그는 인간의 욕구를 **결핍욕구**와 **존재욕구**로 구분했는데, 결핍욕구는 충족되지 않았을 때 불쾌감을 주지만 충족되면 그러한 불쾌감이 없어지는 그러한 욕구이고, 존재욕구는 충족되지 않아도 불쾌감은 없지만 충족되면 쾌감을 주는 그러한 욕구이다.

　매슬로가 결핍욕구로 들고 있는 것은 생리적 욕구, 안전의 욕구, 소속과 사랑의 욕구, 존경의 욕구이다. 그에 따르면 목이 마른 것과 다른 사람의 존경을 받지 못하는 것은 불쾌감을 준다. 목마름이 가시고 다른 사람의 존경을 받으면 불쾌감은 사라지고 이전의 불쾌감과 비교하여 쾌감을 갖게 된다. 하지만 이러한 쾌감은 곧 사라진다.

　매슬로가 들고 있는 존재욕구는 자아실현의 욕구이다. 자신이 성취하고자 하는 것

인간욕구를 두 종류로 나누면?
결핍욕구와 존재욕구

을 성취하는 것은 만족감을 만들어내고 이는 결핍욕구의 충족 때처럼 쉽게 사라지는 것이 아니고 상당 기간 지속된다. 예술가가 창작 작업을 하거나 봉사자가 다른 사람을 도울 때 느끼는 만족감은 결핍욕구의 충족 때와는 달리 상당 기간 지속된다.

헝가리 출신의 미국 심리학자인 칙센트미하이(Csikszent-mihalyi)는 이러한 자아실현의 경험을 플로(flow) 즉 흐름이라고 불렀다. 이는 낙엽이 물 위에 떠서 흘러가듯, 자아가 아무런 노력 없이 시간위에 떠서 흘러가는 모습을 묘사하고 있다. 서구인들은 "흐름에 몸을 맡긴 것 같다"라는 표현을 사용하고 있지만, 우리의 일상적인 어감으로는 "푹 빠져 있었다"라는 표현이 더어울린다.

칙센트미하이

이러한 몰입은 첫째, 한 사람의 주의를 집중시킬 만한 명백한 도전이 있고, 둘째, 그사람이 그러한 도전에 대응해 나갈 능력이 있으며, 셋째, 그러한 도전과 응전의 순간순간에 계속적인 피드백이 있을 때 일어난다. 친구들과 어울려 농구를 하거나 토론을할 때, 혼자서 사진을 찍거나 글을 쓸 때 우리는 이러한 몰입의 경험을 갖는다.

셀리그먼

칙센트미하이의 동료이자 긍정심리학(Positive Psychology)의 제안자인 셀리그먼(Martin Seligman)은 이러한 현상에서 도전에 대응하는 능력과 응전으로 이루어지는 결과에 주목했다. 그는 플로가 사람들의 능력을 발휘하게 하고 나아가성장시키며, 그 결과로 관계된 사람들과 관계된 일들이 변화된다는 점을 강조하였다.

플로란 무엇인가? 종합적인 만족을 일으키는 몰입의 상태

존재욕구가 실현되는 경험의 특징은?
플로 내지 몰입

마디 19.   행복을 증진시키려면?

앞에서 이야기했듯이, 우리의 행복에는 선천적인 요인과
후천적인 요인이 있다. 선천적인 요인은 우리가 어떻게 할
수 없기 때문에, 우리가 행복을 증진시킬 수 있는 영역은
물론 후천적인 요인이다. 이런 후천적인 요인에는 머리 안
에 있는 것과 머리 밖에 있는 것이 있다.

금욕적인 사상가들, 예를 들어 인도의 석가모니나 로마
의 스토아학파는 행복의 외적 요인을 추구하는 것이 궁극

석가모니

적으로 행복에 이르지 못하게 하므로 이것들보다 내적 요인을 추구함으로써, 즉 자신
의 마음을 다스림으로써 행복에 이를 수 있다고 가르쳤다. 오늘날 외적인 요인으로
행복에 이르지 못한 많은 사람들이 이런 방법을 시도하고 있다.

이에 반해 정치가들, 특히 민주주의 정치가들은 외적 요인을 강조해 왔다. 그들은
정치적 자유와 물질적 풍요가 인간을 행복하게 할 것이라고 보았고, 그것들을 달성
함으로써 인간의 행복을 증진시킬 수 있을 것이라고 기대했다. 오늘날 행복도가 아

사상가들과 정치가들이 각각 선호하는 행복의 요인들은?
내적 요인과 외적 요인

주 낮은 국가와 아주 높은 국가가 있는 것을 보면 그들의 주장이 결코 그르지 않았음을 확인할 수 있다.

하지만 실질적으로 일상인들이 자신의 행복을 증진시키기 위해서 할 수 있는 일들은 사상가들과 정치가들이 이야기하는 요인들 사이에 있다. 일상의 삶은 정치가들이 중요하게 생각하는 외적 요인들의 연장선상에 있지만, 그러한 요인들이 실제로 행복을 증진시키는 효과를 거두기 위해서는 금욕적인 사상가들이 전통적으로 강조해 온 내적 요인들과 합치되지 않으면 안 되기 때문이다.

예를 들어, 물질적 풍요는 정치가들이 행복의 조건으로 강조해 온 외적 요인이다. 하지만 물질은 인간을 행복하게 만들기도 하지만 불행하게 만들기도 한다. 우리는 물질이 인간을 행복하게 만드는 측면은 주목하지만 불행하게 만드는 측면은 애써 외면한다. 하지만 불행을 당하는 입장에서는 불행한 현실이 전부이다. 개인적으로나 사회적으로 물질이 인간을 행복하게 하는 측면이 분명 있지만 내적 요인과 합치되지 못할 때 그러한 경제발전의 긍정적 효과는 부정적 부작용에 의해 상쇄되기 쉽다.

물질적 풍요가 행복의 긍정적 요인으로 작동하기 위해서는 마음으로 행복을 이룬다는 사상가들의 의견에 귀를 기울일 필요가 있다. 이 책에서 다루고자 하는 것은 바로 이런 사이이다. 행복의 외적인 요인과 내적인 요인이 겹쳐지는 일상 속에서 우리가 좀 더 행복하고자 할 때 어떻게 그러한 요인들을 조절해야 하는가를 탐구하는 것이 이 책의 목적이다.

행복을 증진시키려면?
행복의 외적인 요인과 내적인 요인을 합치시켜야 한다.

일상인들이 행복을 경험하는 자리는?
외적 요인과 내적 요인이 겹치는 곳

마디 10. 행복이란 무엇인가?

마디 11. 행복을 알 수 있는가?

일상적으로는 잘 알 수 있다.

마디 12. 행복하다고 말하는 사람은 정말 행복한가?

그렇다. 정말 행복하다.

마디 13. 행복을 측정할 수 있는가?

대개는, 전두엽피질의 활성화를 통하여

마디 14. 행복은 유전되는가?

50% 전후, 하지만 유전적으로 결정되지는 않는다.

마디 15. 누가 더 행복한가?

대개의 경우 거의 비슷하다.

마디 16. 무엇이 행복을 결정하는가?

가족, 수입, 일, 친구, 건강, 자유, 신앙

마디 17. 셋 포인트란 무엇인가?

시간이 지나면 돌아가게 되는 개인 고유의 행복도

마디 18. 플로란 무엇인가?

종합적인 만족을 일으키는 몰입의 상태

마디 19. 행복을 증진시키려면?

행복의 외적인 요인과 내적인 요인을 합치시켜야 한다.

우리가 사는 이유는?

행복하기 위하여!

MEMo

더 많은 수입을 올리려는 이유는?
더 많은 수입이 더 많은 행복을 가져다 주리라 기대되기 때문에

 **마디 20. 수입이 는다고 더 행복해지는가?**

세계 7대 불가사의가 있다. 하지만 이에 못지않는 불가사의가 바로 수입이 더 늘어도 사람들은 그만큼 더 행복해지지 않는다는 사실이다. 사실 7대 불가사의는 이미 지나간 일들로 궁금하기는 하지만 우리의 삶과 별로 관련이 없는 그저 흥밋거리에 불과하다. 그러나 수입이 증대함에도 불구하고 행복이 증대하지 않는 이 불가사의는 우리 모두의 관심거리가 아닐 수 없다.

우리는 조금이라도 수입을 더 올리기 위하여 온갖 노력을 다한다. 수입 그 자체가 중요하다고 생각하기 때문이 아니라 그것이 가져다 줄 행복이 중요하다고 생각하기 때문이다. 하지만 예상과 달리 수입의 증대가 행복의 증대를 가져오지 않는다. 왜 이런 일이 생기는지, 이를 어떻게 극복할 수 있을 것인지를 알아보자.

수입이 는다고 더 행복해지는가?
근대화 초기에는 그렇다.

마디 리. 수입은 행복과 비례하는가?

과거에 우리는 수입과 행복이 비례한다고 생각하였다. 근대화와 더불어 가계수입이 늘어났으며 이와 더불어 우리의 삶도 행복해져 갔다. 우리는 그러한 경험이 계속될 것이라고 생각했다. 물론 우리 사회의 어떤 부분에서는 그러한 경험이 계속되고 있다. 하지만 오늘날 새로운 경험이 생겨나고 있다. 그것은 수입이 늘어나지만 그만큼 더 행복해지지는 않는 현상이다.

수입과 행복의 상관도

우리는 더 많고 더 맛있는 음식을 먹는다. 우리는 더 많고 더 멋있는 옷을 입는다. 우리는 웬만하면 자가용을 타고 그 자가용을 더 큰 차로 바꾼다. 우리는 방이 더 많고 더 큰 집으로 이사한다. 우리는 더 간편하고 더 효율적인 냉난방 장치를 갖춘다. 우리는 더 자주 더 멀리 여행한다. 우리는 더 짧게 덜

포스트모던한 사회에서 행복곡선은?
수입의 증대에도 불구하고 정체된다.

힘들게 노동한다. 우리는 더 오래 더 건강하게 산다. 그럼에도 불구하고 우리는 이제 과거처럼 급격하게 행복해지고 있다고 느끼지 못하고 있다. 왜 그런가?

철학자들은 객관적 증거도 없이 우리의 행복이 이런 물질로 완성되지 않는다고 지적하며 다른 방도를 찾아야 한다고 주장해 왔다. 하지만 그들이 옳았다는 것이 오늘날 경험적 증거로 입증되고 있다. 수입과 행복의 상관도를 보여주는 앞의 그림에서 볼 수 있는 것처럼 1945년부터 2000년까지의 미국의 1인당 소득은 3배 이상 증가하였지만, 자신이 아주 행복하다고 생각하는 사람의 비율은 거의 변하지 않았다.

경제적 능력과 인간의 행복이 비례할 것이라는 우리의 상식은 이러한 역사적 통계에서만 반박되는 것이 아니다. 우리와 같은 시대에 살고 있는 사람들에 대한 분석적 통계에서도 또한

	수입상위 25%	수입하위 25%
아주 행복	45%	33%
행복	51%	53%
그저 그렇다	4%	14%

수입에 따른 행복도 차이

반박된다. 수입에 따른 행복도의 차이를 보여주는 표에서 볼 수 있는 것처럼 수입이 하위 25%에 속하는 사람의 33%는 상위 25%의 45%와 마찬가지로 자신이 아주 행복하다고 느끼고 있다.

이러한 역사적 통계나 분석적 통계에서 우리가 얻을 수 있는 결론은 경제적 능력이 행복을 좌우하는 것은 아니라는 것이다. 기본적인 의식주를 충족시킬 수 있는 어느 정도의 수준을 지나게 되면, 경제적 능력의 행복과의 상관도는 급속히 떨어지는 것으로 보인다.

수입은 행복과 비례하는가?
어느 정도까지는, 그러나 그 이후는 아니다.

수입이 낮으면 불행한가?
수입이 낮아도 아주 행복하다는 사람이 33%를 넘는다.

마디 22. 왜 수입이 곧 행복이라고 생각하는가?

생각해 보면 인간이 행복을 느낄 수 있는 많은 경우들이 있다. 고사리 같은 손을 흔드는 유치원 아이들을 보는 것만으로도 우리는 행복을 느낀다. 흥미진진하게 펼쳐지는 추리소설은 한여름의 더위조차도 잊게 만든다. 땀을 흠뻑 흘리고 돌아오는 산책길에서도 우리는 분명 행복을 맛본다. 하지만 우리는 그러한 행복들이 주관적이고 일시적인 행복에 불과하다고 생각한다. 객관적이고 항구적인 행복은 그래서 금전이고, 물질이다.

욕구 5단계

왜 우리는 물질을 행복의 항구적인 기반으로 보고 여타의 행복을 과소평가하게 되었을까? 물론 매슬로가 결핍욕구 중에서 가장 기초적인 욕구로 파악한 생리적인 욕구가 물질에 의해서만 충족될 수 있기 때문이기도 하다. 다른 욕구 이전에 생리적 욕구가 충족되어야만 하기 때문에 이를 충족시키는 물질이 행복의 토대일 수 있다.

하지만 생리적 욕구가 충족된 다음에는 안전의 욕구, 소속감과 사랑의 욕구, 존경의

물질이 충족시킬 수 있는 욕구는?
오직 생리적 욕구뿐이다. 나머지 욕구는 사람에 의해 충족된다.

욕구가 또 차례로 충족되어야 한다. 우리 사회는 생리적 욕구를 충족시키는 데에 급급하여 그 밖의 욕구를 고려할 수 없는 그러한 상황에 놓여 있는 것일까? 실제로 소속감과 사랑의 욕구나 존경의 욕구는 인간관계 속에서만 충족될 수 있는 욕구이다. 그러므로 물질이 행복의 유일한 근거가 될 수 없다.

프랑스혁명

그럼에도 불구하고 물질이 이렇게 확고한 위치를 장악하게 된 데에는 역사적 배경이 있다. 근대정치의 방향을 결정했던 프랑스혁명의 구호는 자유, 평등, 박애였다. 인간이 평등하다는 것은 이제 결코 부정할 수 없는 명제가 되었다. 이에 따라 **평등한 인간이 행복**에서도 평등해야 한다는 것도 당연한 진리가 되었다.

문제는 어떻게 행복을 평등하게 성취하느냐였다. 행복을 비교할 수 없으면 평등한지 평등하지 않은지 판단하는 것이 불가능하다. 그러므로 행복은 계량 가능한 것 즉 물질로 한정되었다. 계량이 불가능한 그러한 행복들은 **평등한 행복**을 이야기할 때에는 주관적인 헛소리에 지나지 않는 것으로 간주되었다. 그래서 내면의 행복은 행복에 대한 논의에서 배제되었다. 정치가들이 이야기하는 행복은 오직 물질적 행복일 수밖에 없다. 정치는 머리 바깥에 있는 것만을 이야기할 수밖에 없기 때문이다.

우리가 경제적으로 빈곤한 처지에 있을 때에 수입은 곧 행복을 의미한다. 하지만 최소한의 의식주를 확보할 수 있는 상황에 이르게 되면 그때부터 수입은 행복을 결정하는 요소로서의 힘이 아주 약해진다. 그럼에도 불구하고 우리가 계속 수입을 행복의 유일한 요소로 생각하는 것은 정치가들이 쉽게 이야기할 수 있는 행복의 근거가 바로 그것이기 때문이다.

왜 우리는 수입이 곧 행복이라고 생각하는가?
과거에는 어려웠기 때문에, 오늘날에는 정치가들이 그렇다고 이야기하기 때문에

정치가들이 말할 수 있는 평등한 행복은?
물질적 행복

마디 23. 왜 물질은 행복하게 하지 못하는가?

Income and happiness: Comparing countries

수입과 행복의 국제적 비교

여러 나라의 수입과 행복도를 비교하고 있는 표를 분석해 봄으로써 이 질문에 어느 정도는 답할 수 있다. 표에서 수평축은 수입을 나타내고 수직축은 자신을 삶을 긍정적으로 평가한 정도를, 행복(happy)하거나 만족(satisfied)하는 정도를 나타낸다.

이 표에서 읽어낼 수 있는 수입과 행복의 상관관계는 세 가지이다. 첫째, 1인당 국민소득이 3천 달러 이하인 나라들 중에도 자신의 삶을 긍정적으로 평가하는 사람이 90%에 육박하는 인도네시아 같은 경우도 있고 40%인 짐바브웨 같은 경우도 있다는

소득이 낮아도 행복한 국가가 있고 불행한 국가가 있다.
국민소득 2만 달러 이하의 국가에서는 수입과 행복의 비례 경향이 있다.

것이다. 이는 소득이 사람의 삶의 질에 영향을 주는 결정적인 요소가 못 됨을 보여준다.

둘째, 도표상으로 뚜렷하게 보이지는 않지만 2만 달러 이하의 분포에는 어떤 비례적인 추세, 다시 말해서 수입이 증대됨에 따라 행복도도 증대되는 추세를 읽을 수 있다. 그러므로 이 수준에서는 수입과 행복이 어느 정도의 느슨한 비례 관계에 있음을 또한 읽어낼 수 있다.

셋째, 2만 달러 이상의 분포에서는 이러한 느슨한 관계조차도 작동하지 않음을 또한 읽어낼 수 있다. 주로 서구의 선진국들이 위치하고 있는 이 영역에서는 소득과 행복의 상관도가 아주 낮아서 소득이 더 이상 행복에 제대로 기여하지 못함을 알 수 있다.

수입과 행복의 이러한 관계는 사실 한계효용체감의 법칙, 즉 사과를 처음 먹었을 때의 효용과 이어서 하나를 더 먹었을 때의 효용, 또 하나를 더 먹었을 때의 효용을 비교해 보면, 사과가 더하여지면 질수록 그만큼 더 효용이 감소한다는 법칙에서 이미 짐작할 수 있는 일이다.

대한민국

절대빈곤을 전후해서는 소득의 증대가 행복의 증대와 밀접한 관계가 있겠지만, 절대빈곤을 훌쩍 벗어나 상대빈곤만이 문제가 되는 지점에 오게 되면 그 관계는 무시해도 좋을 정도에 이르게 된다. 하지만 여기에는 추가로 고려해야 하는 다른 요소도 있는데, 그것은 수입의 증대가 반드시 행복만을 가져오지는 않는다는 사실이다.

왜 물질은 계속해서 행복하게 하지 못하는가?
한계효용이 체감하기 때문에

국민소득 2만 달러 이상 국가에서 수입과 행복은 비례하지 않는다.
그 주된 이유는 한계효용체감의 법칙 때문이다.

마디 24.   수입증대의 역효과는?

불타고 있는 집을 보면서 거지 아버지가 거지 아들에게 "아들아, 우리는 집이 없어 불날 걱정이 없으니 얼마나 좋으냐?"라고 말했다는 우스갯소리가 있듯이, 때로는 많이 가진 것이 사람을 불행하게 만들기도 한다. 열쇠가 많이 필요한 사람은 신경 쓸 곳이 그만큼 많을 수밖에 없다.

우스갯소리는 우스갯소리이고, 현실은 현실이다. 물질적 풍요는 인간의 기본적인 욕구를 **충족**시켜 주기 때문에 인간을 행복하게 하기도 하지만, 또한 인간에게 사물을 **통제**할 수 있다는 느낌을 줌으로써 인간을 행복하게 한다. 돈이 없어 굶는 경우에 느끼는 불행감과 살을 빼기 위하여 굶을 때 느끼는 불행감은 전혀 다르다.

빨간 단추

실험집단에 소음을 들려주면서 소음을 도저히 이기지 못할 경우에 빨간 단추를 누르면 소음이 중단된다고 일러주고 소음을 들려준 경우와 그러한 조건을 부여하지 않고 소음을 들려준 경우, 빨간 단추를 가진 집단이, 즉 상황에 대한 통제력을 가진 집단이 그

자유와 통제력을 주는 물질 때문에
인간은 구속과 통제에 들 수도 있다.

것을 가지지 못한 집단보다 스트레스를 훨씬 덜 받았다는 보고가 있다.

　물질적으로 부유하다는 것은 세계에 대한 통제력을 가진다는 의미를 갖기 때문에 수입의 증대는 기본적인 욕구를 만족시켜 주는 방식은 물론이고 통제력을 주는 방식으로도 우리의 행복을 증진시킨다. 하지만 분명 행복을 저해시키기도 한다. 거지 부자(父子)의 이야기와 같이 우리는 많은 것을 가지면 **부자유**를 느끼게 된다.

　법정이 쓴 『무소유』라는 책에 보면, 그가 불가의 무소유 원칙에 따라 자유롭게 떠돌다가 누가 선물한 난초를 하나 받고서는 그 난초를 죽일까 봐 자유롭게 떠다니지 못하게 되었다는 이야기가 나온다. 너무 비싼 옷이나 액세서리나 가구나 집을 가지게 되면 사람이 주인이 아니라 그것들이 주인인 것 같은 그런 경우가 있기 마련이니, 물질적 풍요가 불편과 불행을 가져오는 한 경우이다.

　물질이 기초적인 욕구를 충족시켜 주지만 역설적으로 인간을 부자유스럽게 만들기도 하듯이, 물질은 통제력을 가져다 주지만 역설적으로 인간을 통제 아래 들게 하기도 한다. 물질적 풍요를 유지하고 나아가 확대하기 위하여 부자들은 더 많은 시간 더 집중적으로 일하지 않으면 아니 된다. 자신이 주인인 듯하나 실제는 경제 시스템의 **노예**인 셈이다.

법정

　이러한 노예상태는 행복을 가져오는 다른 요소들과 적대적인 관계에 있다. 행복을 결정하는 다섯 가지 요소 중에서 가족관계, 친구관계, 건강은 재정상황과 대립적인 관계에 있다. 수입이 증대된다는 것은 대개의 경우 인간관계와 건강이 악화된다는 것을 의미한다. 수입에는 적응이 쉽게 이루어지지만 인간관계에는 적응이 쉽게 이루어지지 않기 때문에 장기적으로 수입의 증대는 행복의 증대보다는 감소를 가져온다.

수입증대의 역효과는? 구속의 증대와 인간관계의 약화

수입의 증대는 물질이 가져오는 행복 이상으로
인간관계가 가져오는 행복을 상실하게 만들 수 있다.

마디 25. 우리는 언제 행복해지는가?

하버드 대학생들에게 다음 두 세계 중 어느 곳에 살고 싶은지 물었다.

- 갑 세계에서 너의 봉급은 5만 달러이고 다른 사람들은 평균 2만 5천 달러를 받는다.
- 을 세계에서 너의 봉급은 10만 달러이고 다른 사람들은 평균 25만 달러를 받는다.

그들만이 아니라 우리도 대개의 경우 갑을 선택한다. 왜냐하면 소득의 과다보다는 소득의 상대적 과다가 더 중요하게 느껴지기 때문이다. 그래서 사람들은 어떤 특정한 조건 아래서는 자신의 소득이 실질적으로 감소하더라도 상대적으로 증대된다면 그 것을 선택하기도 한다. 예컨대 자신의 봉급을 올릴 수 없다면 라이벌의 봉급을 내리 라고 사장에게 요구하는 경우이다.

하지만 이러한 경우에 유의해야 할 점은 이러한 비교의 유의미한 대상이 나의 주 변에 있는 인물이라는 점이다. 나와 다른 세계에 살고 있다고 생각되는 사람들, 예컨 대 연예계의 스타나 이름 모르는 나라의 극빈자들이 이러한 비교의 실제적 대상이

중요한 것은
소득의 과다가 아니라 소득의 상대적 과다이다.

되지 않는다는 것이다. 직장의 동료나 이웃사람이나 친지나 배우자가 참된 비교 대상이 된다.

빌 게이츠

　우리 옛말처럼 사촌이 땅을 사면 내 배가 아프다. 이 말의 현대판은 아내가 나보다 많은 수입을 올린다면 나는 내 일에 만족할 수 없다는 것이다. 서양식으로 말하자면 내 여동생의 남편이 내 남편보다 수입이 좋다면 나는 불행하다. 동서양을 막론하고 밑을 내려다보는 자는 행복하고 위를 올려다보는 자는 불행하다.

옆집 자가용

　한 사회 내에서 상대적으로 부유한 사람은 상대적으로 가난한 사람에 비해 더 행복하다. 하지만 한 사회 전체가 부유해지고, 그 부가 사회구성원에게 충분히 평등하게 분배되고 있다면 사실 그 사회 전체의 행복도가 올라갈 가능성은 별로 없다. 왜냐하면 상대적 풍요가 행복을 결정하는데 준거집단들과 똑같이 부유해진다면 내가 더 부유해졌다고 그래서 더 행복해졌다고 느낄 근거가 없기 때문이다. 사회적 부가 한쪽으로 몰린다면, 실질적으로 소득이 감소하지 않은 사람도 상대적으로 빈곤해지고 그만큼 더 불행을 느낄 수 있다. 우리는 이것을 상대적 박탈감이라고 부른다.

　이에 더하여 상대적 부자들은 상대적 빈자들보다 사실 행복하기가 어렵다. 왜냐하면 한계효용체감의 법칙에 따라서 상대적 빈자가 느끼는 행복감을 상대적 부자가 느끼기 위해서는 더 많은 소득이 필요하기 때문이다. 후진국이 국민들을 행복하게 하기가 선진국이 국민들을 행복하게 하기보다 쉽다면 바로 이런 까닭이다.

우리는 언제 행복해지는가? 우리의 이웃보다 더 큰 물질을 가졌을 때

내 수입이 는다고 하더라도 옆집의 수입이 나보다 더 빨리 는다면 나는 내가 가난해졌다고 느낀다.

마디 26. 우리가 계속 행복하려면?

소득의 만족과 불만족을 가늠하는 다른 기준은 자신의 현재 수입이다. 사람들은 다른 사람과 자신을 비교하지 않는다고 하더라도, 과거의 자신과 현재의 자신을 비교한다. 다른 사람과 내가 동일한 수입을 올리고 있다면 나의 행복감에는 변화가 없을 가능성이 많다. 하지만 과거의 나와 현재의 나가 동일한 수입을 올리고 있다면 나의 행복감은 떨어질 가능성 많다.

다람쥐 쳇바퀴

우리가 새로운 집이나 새로운 차를 구입했을 때의 행복감을 생각해 본다면, 그러한 행복감은 곧 무뎌진다. 우리가 그러한 새로운 상황에 적응하기 때문이다. 과거에는 고맙던 것이 현재에는 당연한 것으로 된다. 행복감을 유지하기 위해서는 계속하여 나의 수입이 증대되지 않으면 아니 된다. 다람쥐 쳇바퀴 돌리듯이 돌려야 한다. 적응은 인간을 끝없는 자신과의 경쟁 속으로 즉 쾌락의 쳇바퀴 속으로 밀어 넣는다.

만약 이렇게 현재의 수입에 적응된 상태에서 하강하는 일이 생겨나면 그때 그러한

행복을 유지하기 위해서는 결코 쉬어서는 아니 된다.
계속해서 수입이 상승해야 한다.

하강은 재앙이다. 과거에는 일상이던 것이 이제는 재앙이 된다. 왜 재앙이 되는가? 그것은 나아진 삶은 마약과 같이 중독되기 때문이다. 일단 나아진 삶에 적응하고 나면 그것이 박탈될 때 금단현상과 같은 것을 느끼게 된다. 물론 인간의 적응력은 대단해서 일시적인 금단현상이 지나면 새로운 상황에 적응할 수 있다. 하지만 하향적응은 상향적응과 달리 고통스럽다.

금단현상

루브르박물관

한편 수입이 증대될수록 여가가 감소한다는 점에 수복할 필요가 있다. 생산성을 비교하면 미국과 유럽은 유사하다. 하지만 생산시간을 비교하면 미국이 유럽보다 길다. 따라서 수입도 미국인들이 유럽인들보다 높다. 하지만 유럽인들이 미국인들보다 더 많은 여가를 가지고 있다. 그리고 유럽인들이 미국인들보다 더 행복하다. 이렇게 보면 행복을 증대시키고자 하는 미국인의 수입 증대 정책은 자멸적(self-defeating)이라고 볼 수 있다. 수입만이 행복한 삶의 요소는 결코 아니다.

하버드 대학생들에게 다음 두 세계 중 어느 곳에 살고 싶은지 물었다.

- 갑 세계에서 너의 휴가는 2주이고, 다른 사람의 휴가는 1주이다.
- 을 세계에서 너의 휴가는 4주이고, 다른 사람의 휴가는 8주이다.

그들만이 아니라 우리도 대개의 경우 을을 선택한다. 조사통계에 의하면 단지 20%의 학생들만이 갑을 선택했다고 한다. 수입과 여가는 종류가 다른 재화이다.

우리가 계속 행복하려면? 과거의 수입보다 많은 수입을 올려야 한다.

수입을 선택하는 기준과 여가를 선택하는 기준은 다르다.
수입은 상대적으로 평가하지만 여가는 절대적으로 평가한다.

마디 27. 물질과 여가는 어떻게 다른가?

물질과 여가를 비교할 때, 우선 눈에 띄는 큰 차이점은 물질은 과시적 소비의 대상이지만, 여가는 특별한 경우를 제외하고 나면 과시적인 소비의 대상이 아니라는 점이다. 과시적 소비란 어떤 소비를 남이 보도록 하고 그렇게 함으로써 자신이 상대적으로 우월하다는 것을 자랑하는 그러한 방식의 소비이다.

준중형차

어떤 직장의 동료들이 자가용으로 준중형차를 타고 다니는데, 그 중 한 사람이 중형차를 새로 장만하여 타고 다닌다면 이는 과시적 소비에 해당한다. 하지만 이는 군비경쟁처럼 상대방으로 하여금 같은 정책을 취하도록 만든다. 다른 동료들도 중형차를 새로 구입하여 타고 다니게 되면 상황은 예전으로 돌아가고 만다.

동서냉전 시대에 이러한 무한경쟁의 쳇바퀴에서 빠져나오기 위하여 미국과 소련은 군비를 동결하고 축소하는 협약을 맺었다. 하지만 현실적으로 우리 사회에서 이러한 방식으로 우리의 높아가는 소비를 통제할 수 있는 방법은 거의 없다. 누군가가 대형

과시적 소비는 영원한 경쟁이다.
일단 시작되면 멈추기 위해서는 큰 결심을 필요로 한다.

차를 사면 또 경쟁을 시작해야 한다.

　여가라고 언제나 과시적이지 않게 소비가 이루어지는 것도 사실은 아니다. 오늘날 우리가 말하는 여가는 물질적 소비 그 자체이다. 오늘날 가장 선호되는 여가생활은 해외여행이다. 국내에서 가볼 만한 곳을 다 가보았기 때문에 하는 해외여행이 아니라 해외여행 경험이 자가용처럼 자신의 물질적 우월성을 자랑하는 계기가 되기 때문이다.

　아우슈비츠에서 살아남았던 심리치료사 프랭클(Viktor Frankl)은 우리의 여가를 **원심적 여가**와 **구심적 여가**로 구분하였다. 원심적 여가는 자신으로부터 떨어져 나가 자신 바깥의 것에 탐닉하는 여가이고, 구심적 여가는 자신을 향하여 자신의 심신을 보살핌으로써 피로를 회복하여 삶의 활력을 회생시키

프랭클

려는 여가이다. 오늘날의 여가생활이 대개 원심적 여가라는 것은 두말할 필요도 없다.

　하지만 구심적 여가는 사실 과시적 소비가 아니다. 그렇기 때문에 구심적 여가를 선택할 때 우리는 그 여가를 다른 사람들의 여가와 비교하지 않고 여가 그 자체로 생각한다. 여가는 지나치지 않는다면 즉 일하는 즐거움을 뺏을 정도가 아니라면 늘 좋은 것이다. 그래서 앞 마디에서 보았던 것처럼 하버드의 학생들이나 우리는 여가를 선택할 때와 임금을 선택할 때 그 기준이 다른 것이다.

　10만 원을 주고 한 무리의 사람들에게는 사고 싶은 물건을 사라고 하고, 다른 한 무리의 사람들에게는 하고 싶은 일을 하라고 했을 때, 옷이나 액세서리나 전기제품을 산 사람들보다 일일여행이나 음악회나 근사한 식사를 한 사람들이 더 행복했다는 보고가 있다. 이렇듯 여가가 물건보다 더 행복했던 것은 다른 사람과의 관계를 갖는 기회이기 때문이다.

물질과 여가는 어떻게 다른가?
물질은 사람들을 떼어놓지만, 여가는 사람들을 붙여놓는다.

구심적 여가는 과시적 소비가 아니다.
물질소비는 사람들을 분리시키지만 여가소비는 사람들을 연결시킨다.

마디 28.　돈벼락을 맞으면 행복해질까?

　　우리가 일상에서 가지는 기대 중의 하나가 복권이다. 어떤 이는 일주일간의 고통을 복권이 당첨될 것이라는 기대감으로 보상하며 산다고 말한다. 사실 이러한 기대는 삶이 힘들고 어려울 때 그러한 어려움을 이겨내게 하는 좋은 의지처가 된다. 복권이 없던 시절 프랑스의 하인들은 자신이 돈 많은 부자의 사생아임이 밝혀져 막대한 유산을 상속하는 것을 꿈꾸었다고 한다. 만약 이런 일이 실제로 일어나면 어떻게 될까?

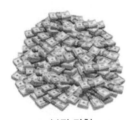

복권 당첨

　　미국 시카고에 혼자서 쌍둥이 아이들을 돌보며 백화점에서 포장일을 하는 루스(Ruth)라는 여인이 있었다. 그녀는 매주 5달러짜리 복권을 사며 자신의 어려움을 달래고 있었다. 그녀에게는 중학교 때 시작된 약간의 우울증이 있었다. 그녀에게 기적 같은 일이 일어났다. 2천 2백만 달러 복권에 당첨된 것이다. 그녀는 기쁨에 넘쳤다. 그녀는 방이 18개인 집을 사고, 베르사체 옷을 입고, 재규어를 몰았으며, 아이들을 사립학교에 보냈다. 하지만 그녀는 그 해 연말에 특별히 나쁜 일이 없었음에도 불구하고 정신과 의사

돈벼락을 맞고서 셋 포인트로 돌아오는 데에는
몇 달이 걸리지 않는다.

로부터 일시적인 우울증이라는 진단을 받았다. 미네소타의 임호프(Imhof)도 1996년 940만 달러 복권에 당첨되었다. 그러나 그는 여전히 매일 창고에서 지게차를 운전하는 자신의 일을 하고 있다. 그는 자신이 그 일을 계속하지 않을 수 없었던 이유가, 그냥 앉아 있으려니 삶이 너무 지루했기 때문이라고 보고하였다.

실제로 복권에 당첨된 사람들에 대한 조사연구를 수행했던 카플란(H. Roy Kaplan)은 복권에 당첨된 사람들은 물질적 생활수준은 달라지지만 일정기간이 지나고 나면 행복도에서는 별로 차이가 나지 않는다고 보고하고 있다.

의심

그이 보고에 따르면, 원래 외향적이고 사교적인 사람은 바뀐 상황을 냉정하게 받아들이지만, 내성적인 사람은 의심이 많아지고 피해망상증까지 나타난다. 이는 가까운 사람과 낯선 사람들이 자신의 돈에 대해 이런저런 요구를 하기 때문이라고 보인다. 복권에 당첨된 후에도 계속 직장생활을 한 사람들은 동료들과의 관계가 나빠졌으며, 일을 그만두고 호화로운 생활을 시작한 사람들은 금세 외롭고 우울한 상태가 되었고 과거에 동료들과 같이 지내던 시절을 그리워했다.

전체적으로 보면 복권 당첨은 물질적으로 행복도를 높이고 인간관계에서 행복도를 낮춘다. 그런데 인간은 물질에는 쉽게 적응하지만, 상실된 인간관계에는 그렇게 쉽게 적응하지 못한다. 결국 복권 당첨은 개인의 행복도에서는 불행으로 비칠 수 있다. 그래서 복권 당첨자들 중에는 당첨된 그날이 '불행 끝 행복 시작'이라고 생각했지만, 사실은 '행복 끝 불행 시작'이었다고 생각하는 사람도 있었다.

돈벼락을 맞으면 행복해질까?
대개는 오히려 불행해진다.

복권이 당첨되는 날
그날은 불행 끝 행복 시작이 아니라 행복 끝 불행 시작의 날이다.

〈카플란의 『복권 당첨자들』 중에서〉

로또 당첨자

그들은 좋은 삶을 찾아, 고달픈 낡은 삶을 평온한 새로운 삶으로 바꾸려고 복권을 샀다. 그들은 복권에 당첨되면 재정적인 걱정이나, 성가신 직업이나, 긴장, 그리고 불안정으로부터 벗어나 자유로운 목가적인 꿈의 세계에서 살아갈 것이라고 생각했다. 하지만 그 대신 그들은 그들이 한 꾸러미의 문제들을 다른 꾸러미의 문제들과 바꾼 것에 불과하다는 것을 발견했다. 그럴 싸한 복권 광고가 약속한 순간적인 명예와 재산은 자칭 호의를 베푸는 사람들이나 장난꾼들의 끊임없는 전화, 낯선 사람들로부터 오는 수많은 편지들, 협박이나 위협 또는 괴롭힘, 사생활의 상실, 그리고 그러한 명성에 종종 동반되는 가족이나 친구와의 관계 단절에 대해서는 아무런 이야기도 하지 않았다.

이는 그들이 갈망했던 부유한 삶의 예기치 못한 측면이다. 많은 당첨자들은 그들의 삶과 꿈에 대한 이러한 악몽 같은 사태에 준비되어 있지 않았고 대처할 수도 없었다. 새로운 스타일의 삶으로의 전이는 최선의 환경에서조차도 쉽지 않은데, 당첨자들이 당한 괴로움은 종종 그들로 하여금 방향을 잃게 만들었다. 그것은 이제 일들이 예전처럼 결코 사적이지도 조용하지도 않을 것임을 알려주었다. 이제 그들은 뉴스거리가 되는 공적인 주목의 대상이었으며, 그들의 행운은 어려운 사람들이 도움을 요청하고 탐욕스런 사람들이 노리는 기록된 일이었다. 그들은 온 세상의 괴짜, 사기꾼, 협잡꾼의 대상이 되었다.

협박과 괴롭힘에서 벗어나기 위하여 많은 사람들이 보따리를 쌌다. … 비록 이것은 부분적으로 평생의 꿈의 실현이기도 했지만, 익명성과 사생활을 확보하고자 하는 것이 큰 이유였다. … 하지만 이사도 근심과 걱정을 제거해 주지 못했으며 원했던 사생활을 보장해 주지 못했다. 익명성을 유지하기 위해서 그들은 새로운 이웃들에게 비밀을 발설하지 말아야 했다. 이것이 때로는 관계를 복잡하게 만들었다. 왜냐하면 그들이 대화할 때 생각 없이 이것이 새어나가는 것을 막아야만 했기 때문이다. 사람들은 눈에 보이는 경제적 활동 없이 배타적인 이웃으로 살아가는 이들을 의심하고 궁금해했다. 잘 캐묻는 이웃들은 당첨자들에게 어디서 수입을 얻느냐고 자주 물어보았으며 그들에 대해 더 자세히 알기 위하여 아이들에게 물어보기도 했다. 풍요로운 삶의 방식을 설명하기 위하여 정교한 이야기가 꾸며져야 했으며 평안을 유지하기 위해서는 어린이들을 주의 깊게 훈련시켜야만 했다.

　우리는 이제까지 많은 사람들이 복권 당첨이 실망스럽게도 저주가 뒤섞인 축복이라는 점을 알게 되었다는 사실을 확인했다. 어떤 사람들에게 당첨은 뒤집힌 마이다스의 손과 같았다. 그들이 하는 모든 것이 불쾌하게 되었다. 다른 사람들은 너무 두려워 당첨금을 사용할 수도 없었다. 낯선 환경 속에 놓인 새

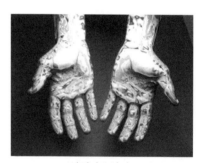

마이다스의 손

로운 집에 숨어서 친구나 이웃이나 친척이나 낯선 이들의 동기를 의심하며, 그들은 고독을 느꼈다. 그들은 포위되어 살고 있었다. 스스로 가한 고독 속에서 주의하지 않으면 당첨금을 날려버릴까 두려워하며 살았다. 그들은 가난이나 궁핍과의 전투에서 승리했지만 전쟁에서는 졌다. 그들은 재정적으로는 성공적이었지만 사회적으로 또 심리적으로는 파산상태였다.

마디 29. 여가가 우리를 행복하게 할까?

우리는 충분한 여가를 가지고 살 수 없다. 그런 여가를 가진다면 경쟁에서 뒤처지거나 아예 실직하고 말지도 모른다. 1년에 며칠이라고 법정 휴가일이 정해져 있지만, 그 휴가일을 모두 사용하는 사람은 별로 없다. 우리는 충분한 여가를 가져볼 기회를 스스로 거부하기 때문에 그런 여가의 경험을 가질 수 없다.

부시맨

인류학자들에 따르면 구석기나 신석기 시대 사람들은 우리보다 훨씬 많은 여가생활을 즐겼고 우리보다 행복했다고 한다. 지금 우리가 그들의 생활을 직접 확인할 방법은 없지만, 그 시절의 삶의 방식을 오늘날까지도 유지하고 있는 사람들을 찾는다면 그 시절의 사람들의 삶의 방식을 엿볼 수는 있다.

아프리카 칼라하리 사막의 쿵 부시맨들이나 남아메리카 아마존강 유격의 마치구엔가족들은 현대인들보다 훨씬 짧은 노동시간 즉 서너 시간에서 예닐곱 시간이면 자신들이 필요한 물질을 모두 구할 수 있었다.

예상과 달리 원시인들은 필요한 물질이 적기 때문에
현대인들보다 훨씬 짧은 노동시간과 긴 여가시간을 가졌다.

　　이것이 가능했던 것은 무엇보다도 그들에게는 필요한 물건이 많지 않았기 때문이다. 인류학자들이 가지고 갔던 대부분의 짐들이 그 마을에서 살아가는 데에는 불필요한 것들이었다. 이렇기 때문에 이들 부족은 서두를 필요가 없었다. 늘 시간이 남아돌았고 자신들이 하는 일을 마치 취미생활을 하듯이 수행하였다.

　　우리는 이런 생활로 돌아갈 수 없을까? 산업혁명이 시작되었을 때 마르크스나 프랭클린 같은 사람들은 발달된 기술 덕분에 인간이 이러한 삶으로, 즉 서너 시간의 노동과 나머지 여가시간으로 돌아갈 수 있으리라고 생각하였다. 하지만 3세기가 지난 오늘날에도 우리는 주당 40시간 하루 평균 5.7시간의 노동을 하고 있다.

켈로그

　　아침에 먹는 콘플레이크로 유명한 켈로그사는 1930년에 주당 30시간 하루 평균 4.3시간 노동체제를 도입하였다. 하지만 1985년에 이 전통은 폐지되었다. 켈로그사의 직원들은 이 제도의 폐지를 몹시 서운해하였는데, 그들은 다른 회사의 직원들은 결코 누릴 수 없었던 어떤 것을 누렸기 때문이었다.

　　우리나라에서도 여가시간을 늘리는 실험을 감행한 회사가 있다. 화장지 등을 제조하는 유한킴벌리사는 1일 12시간 근무를 하지만 4일 일하고 4일 쉬는 체제를 취하고 있다. 하루 평균 6시간의 근무를 하는 셈인데, 그럼에도 불구하고 근로자들은 이런 근로방식을 혁명이라고 부르면서 더 좋은 임금을 준다고 하더라도 예전과 같은 방식의 작업체제로 돌아가지 않겠다고 공언하고 있다.

　　우리는 아직 여가가 어떻게 우리를 행복하게 하는가를 따져보지는 않았다. 하지만 현장근로자들이 임금보다 여가를 선택하고 있는 현실은 그들이 과거보다 더 행복한 삶을 살고 있다는 증거로 보인다.

　　　　여가가 우리를 행복하게 할까? 물론이다. 분명 그렇다.

여가는 돈으로도 결코 살 수 없는 행복감을 준다.
켈로그사와 유한킴벌리사의 노동자들은 이를 경험했다.

마디 20. 수입이 는다고 더 행복해지는가?

마디 21. 수입은 행복과 비례하는가?

어느 정도까지는, 그러나 그 이후는 아니다.

마디 22. 왜 수입이 곧 행복이라고 생각하는가?

과거에는 어려웠기 때문에,

오늘날에는 정치가들이 그렇다고 이야기하기 때문에

마디 23. 왜 물질은 행복하게 하지 못하는가?

한계효용이 체감하기 때문에

마디 24. 수입증대의 역효과는?

구속의 증대와 인간관계의 약화

마디 25. 우리는 언제 행복해지는가?

우리의 이웃보다 더 큰 물질을 가졌을 때

마디 26. 우리가 계속 행복하려면?

과거의 수입보다 많은 수입을 올려야 한다.

마디 27. 물질과 여가는 어떻게 다른가?

물질은 사람들을 떼어놓지만, 여가는 사람들을 붙여놓는다.

마디 28. 돈벼락을 맞으면 행복해질까?

대개는 오히려 불행해진다.

마디 29. 여가가 우리를 행복하게 할까?

물론이다. 분명 그렇다.

우리가 사는 이유는?

행복하기 위하여!

MEMO

사랑은 측정할 수 없다.
하지만 측정할 수 없다고 존재하지 않는 것은 아니다.

마디 30. 사랑이 사람을 행복하게 하는가?

인간에게, 사실은 포유류에게, 가장 근본적인 행복의 원인이면서도 측정될 수 없다는 이유로 행복의 원인으로서의 자격을 박탈당했던 것이 사랑이다. 우리는 사랑에 눈이 먼 사람들은 거짓으로 행복하냐고 지적하면서 그러한 사랑으로부터 깨어난 합리적인 사람들의 물질적 행복만이 참된 행복이라고 주장해 왔다.

하지만 인간에 대한 이해가 발전함에 따라, 인간의 행복한 삶이 사랑에 기반하고 있다는 것이 밝혀졌다. 사랑받지 못하는 인간은 결코 행복할 수 없다는 것이 이제는 상식이 되었다. 인간에게 사랑이 어떤 것이며 그것이 인간을 어떻게 행복하게 하는지, 또 어떻게 사랑할 때 행복이 아니라 불행을 겪게 되는지를 알아보자.

사랑하는 사람은 행복할 수 있다.
하지만 어리석게 사랑하는 사람은 행복할 수 없다.

마디 31. 사랑의 종류는 몇 가지인가?

우리가 사랑이라는 말을 적용하는 곳은 대표적으로 두 경우이다. 남녀간의 사랑이 하나이고, 모자간의 사랑이 다른 하나이다. 같은 사랑이라는 말을 사용하므로 분명 이 두 사랑에는 공통점이 있다. 하지만 우리가

여자와 남자

익히 알고 있는 것처럼 이 두 사랑에는 차이점도 있다. 남녀간의 사랑은 **쌍방적**이고 **배타적**이라는 점에서 일방적이고 **포용적**인 모자간의 사랑과 구별된다.

매슬로에 따르면 이러한 구분이 생기는 것은 사랑의 동기가 다르기 때문이다. 그는 남녀간의 사랑이 식욕처럼 채워지지 않은 성욕에서 비롯되기 때문에 결핍사랑이라고 보았다. 굶주린 사람이 허기를 채우기 위하여 음식을 탐하는 것처럼 이성과의 사랑에 굶주린 사람도 욕구를 채우기 위하여 이성을 탐한다.

매슬로가 **결핍사랑**에 대비시키는 것은 **존재사랑**인데, 이러한 사랑의 전형적인 예는 모자간의 사랑이다. 물론 남녀간에도 존재사랑이 없는 것은 아니며 모자간에도 결핍사랑이 있을 수 있다. 하지만 일반적인 경우 우리는 존재사랑의 전형을 모자관계에

남녀간의 사랑에는 결핍사랑이 지배적이며
모자간의 사랑에는 존재사랑이 지배적이다.

서 확인한다.

어머니가 어린아이를 돌보는 것은 플로이다. 사랑하는 것 자체가 기쁨이고 행복이며, 사랑을 돌려받는 것과 관계가 없다. 하지만 남녀간의 사랑에서는 사랑하는 것만큼이나 사랑받는 것도 중요하다. 질투와 원망, 갈망과 고통이 남녀간의 사랑의 두 측면 중 하나이다. 물론 나머지 한 측면은 존재사랑의 특징이기도 한 재미와 기쁨, 웃음과 행복이다.

인간이 이런 두 종류의 사랑을 지니게 된 데에는 물론 생물학적 이유가 있다. 암컷과 수컷이라는 두 종류로 나누어지는 생물들은 서로를 통하여 자신들의 유전자를 다음 세대에게 전달한다. 이러한 전달이 이루어지기 위해서는 암수가 교섭을 해야 하는데, 인간의 경우 이러한 교섭을 불러일으키는 힘이 바로 남녀간의 사랑이다.

하지만 남녀간의 사랑으로 모든 일이 이루어지지는 않는다. 인간의 새끼는 동물계에서 가장 허약한 존재로 유명하다. 자기 발로 일어서기까지 1년이 걸리는 포유류는 인간밖에 없다. 게다가 인간은 자신이 속한 사회의 구성원으로 제대로 기능하려면 10년 이상의 양육기간이 필요하다. 이러한 양육기간 동안 새끼를 돌보도록 하는 힘이 모자간의 사랑이다.

어머니와 아이

사실 모자간의 사랑은 좀 더 세분화될 수 있다. 자식을 돌보는 어머니의 절대적인 모성애와 더불어 돌봄을 받는 아이의 어머니에 대한 집착애가 모자간의 사랑을 이루는 두 힘이다. 우리는 모자간의 사랑을 이야기할 때 사랑은 내리사랑이라고 하면서 모성애만을 주로 이야기하지만 사실 아이의 어머니에 대한 집착애는 남녀간의 사랑과 비슷한 방식으로 존재하고 있다. 그러므로 모자간의 사랑을 단순히 존재사랑이라고 말하는 것은 오류가 될 수 있다.

사랑의 종류는 몇 가지인가? 두 가지, 그러나 자세히는 세 가지

어머니의 어린 자식에 대한 사랑은 존재사랑이다.
하지만 자식의 효성은 존재사랑이 되기 어렵다.

마디 32.   어린아이는 언제 행복한가?

　　인간이 행복을 경험하는 원초적인 시공으로 어린아이의 삶은 아주 중요하다. 어린아이는 아직 인간으로서의 지각능력에 한계가 있고 또 비교의 대상이 충분하지 않기 때문에 행복의 조건이 그렇게 복잡하고 어렵지 않다.

　　이렇게 단순하고 쉬운 행복의 조건은 실제로는 어머니라는 한 존재에 의해서 보통 충족된다. 그 시절 어머니의 삶은 복잡하고 어려웠을 수 있지만 우리는 그 시절을 매우 행복했던 것으로 대개 기억한다.

　　왜 우리는 그때 그렇게 행복했던가? 우유가 있어서 행복했던가, 아니면 어머니가 있어서 행복했던가? 사회복지시설에서 자란 아이들의 일반적 불행에서 볼 수 있는 것처럼 우리가 행복했던 이유는 우유 때문이 아니라 어머니 때문이었다.

　　미국의 심리학자인 해로우(Harry Harlow, 1905-1981)는 철사를 얽어 만든 가짜 어미 원숭이의 가슴에서 우유가 나오게 했을 때 그리고

해로우　　　　가짜 어미

어린 시절이 행복했던 것은
먹이 때문이 아니라 어머니와의 접촉 때문이다.

스펀지로 만든 가짜 어미 원숭이에게 부드러운 천을 입혀 놓고 그 가슴에서 우유가 나오지 않게 했을 때 어린 침팬지가 어떻게 행동하는지 관찰하였다. 어린 원숭이는 우유를 먹을 때 외에는 부드러운 가짜와 놀며 지냈다.

　사진에서 보는 것처럼 어린 원숭이는 부드러운 가짜 어미에 매달려 있으면서 철사 어미에게서 우유만 먹고 있다. 우리가 행복했던 것은 우유 때문이 아니라 접촉 때문이었다. 어린아이들이 수건이나 베개에 집착하는 경우가 많은데, 이러한 집착도 바로 이런 접촉쾌감에 기인한다.

보울비

　하지만 어머니가 제공하는 것은 쾌감만이 아니다. 이러한 쾌감은 안정감을 제공하는데, 이러한 안정감은 위협에 대한 위로가 되기 때문에 역설적으로 안정감이 크면 클수록 더 쉽게 모험에 나서며, 안정감이 적을 경우 모험을 쉬 감행하지 못한다. 영국의 심리학자 보울비(John Bowlby, 1907-1990)는 안전과 모험 간의 이러한 상관관계가 자동온도조절기처럼 작동한다고 설명하였다.

　안전수준이 적당하면 아이들은 모험에 나선다. 하지만 안전수준이 떨어지면 위험 경고가 들어오고 모험을 중단하고 안전한 기지 즉 어머니에게로 돌아온다. 어머니가 없다면 안정을 찾지 못해 울고 힘들어하지만, 어머니를 만나면 부둥켜안고 위로를 얻는다. 적정수준의 안정이 되찾아지면 다시 모험에 나선다.

　이렇게 모험하고 노는 아이들은 플로를 갖게 되기 때문에 그 순간 행복할 뿐만 아니라 미래의 플로를 가져다 줄 삶의 기술과 지식 또한 획득하게 된다. 그러므로 모험이 없는 삶에는 현재나 미래의 플로가 없기 때문에 행복의 두 요소 즉 쾌락과 만족이 모두 결여되기 쉽다.

　　어린아이는 언제 행복한가? 젖을 먹을 때가 아니라 접촉하고 모험할 때

접촉은 안정감을 낳고 안정감은 모험심을 낳는다.
모험심은 플로를 낳고 플로는 행복을 낳는다.

〈해로우의 실험〉

천으로 만든 어미

철사로 만든 어미

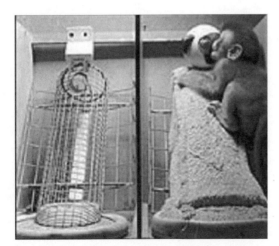

천으로 만든 어미와 지내는 어린 원숭이

어미와 있는 어린 원숭이

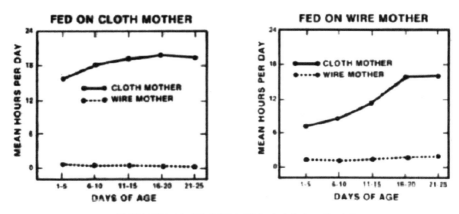

천으로 만든 어미와 철사로 만든 어미에서 보낸 시간

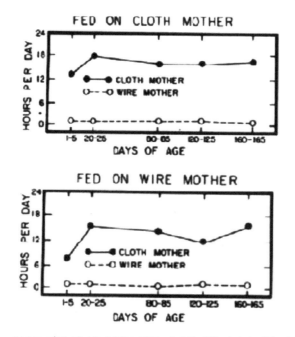

천으로 만든 어미와 철사로 만든 어미에 대한 장기적 접촉 시간

마디 33. 어떤 인간관계가 행복을 가져오는가?

에인즈워스

보울비의 애착이론(attach theory)을 발전시킨 이는 캐나다 심리학자 에인즈워스(Mary Ainsworth)였다. 그녀는 어머니를 기지로 모험을 하는 어머니와 어린아이의 이러한 안정화 관계를 셋으로 구분하였다. 안정애착, 불안정회피애착, 불안정저항애착이 그것들이다.

안정애착이란 보울비가 말한 그러한 방식의 반응을 보이는 모자관계인데, 미국의 경우 65% 정도의 모자관계가 여기에 해당된다. 나머지 20% 정도는 **불안정회피애착**을 보였는데, 이는 어머니가 없을 때 내심으로 불편해하기는 하지만 있으나 없으나 별로 큰 변화를 보이지 않는 형태이다. 이들은 어머니 대신 자신에 의존하는 것으로 보인다. 12%는 **불안정저항애착**을 보였는데 이들은 어머니가 없을 때 극단적으로 불편해하며 심지어는 어머니가 돌아왔을 때조차도 안정시키려는 어머니의 노력에 저항하며 결코 안정을 되찾지 못했다.

에인즈워스는 어린아이들의 이러한 태도가 어머니의 태도에서 비롯된다고 보았다.

애착관계에는 65%의 안정애착 외에도
20%의 불안정회피애착과 12%의 불안정저항애착도 있다.

다정다감하고 반응이 신속한 어머니는 안정애착을 낳아 아이들을 대담하고 자신감 있
게 만드는 반면, 쌀쌀하고 제대로 반응하지 않는 어머니는 어머니에게서 도움이나 안
정을 기대하지 않는 회피적인 성향을 아이들에게 끌어내며, 변덕스럽고 예측하기 어
려운 어머니는 어머니로부터 안정을 확신하지 못하는 저항적인 아이들을 길러낸다.

　물론 에인즈워스의 이러한 관찰 이면에는 유전자가 작동하고 있다는 사실을 간과
해서는 아니 된다. 잘 돌보는 어머니나 잘 반응하는 아이는 백지상태에서 출발하고
있는 것이 아니다. 그들은 이미 정해진 유전정보를 가지고 있고 그러한 한계 내에서
움직이고 있다. 이런 일들에는 보이지 않는 선천적인 요인들이 전적으로는 아니라
해도 부분적으로 작동하고 있다.

　모자관계에서뿐만 아니라 남녀관계에서도 이러한 애착
유형이 발견된다. 실제로 모자관계가 완전히 남녀관계로
바뀌는 것은 사춘기가 끝나가는 15세에서 17세이다. 이런
나이에 이르렀을 때 상대방을 굳게 의지하는 사람들이 있
는가 하면, 상대방이 가까이 오는 것을 두려워하는 사람들
도 있고, 또 상대방을 쉽게 의지하지 못하는 그런 사람들

남녀관계

도 있다. 어린아이에서나 어른에서나 안정적인 관계가 인간을 더 행복하게 만든다.

　이러한 관계에 관련된 두뇌물질은 **옥시토신**(Oxytocin)이다. 이는 여성의 임신능력
을 상승시키는 역할도 하지만 아이를 돌보고 아이와 접촉할 때 행복감을 느끼도록
만든다. 남자와 여자를 어머니와 아이처럼 결합시키고 접촉하게 하고 부드럽게 하고
돌보게 만드는 것도 바로 옥시토신이다. 출산이나 양육 때보다 사실은 성행위를 할
때 옥시토신이 최대로 분비된다.

　　어떤 인간관계가 행복을 가져오는가? 안정적인 모자관계나 남녀관계가

남녀관계에서도 모자관계의 애착을 발견할 수 있다.
이러한 애착과 관련된 물질은 옥시토신이다.

마디 34.   남녀가 사랑하면 행복한가?

어머니에 대한 어린아이의 집착은 나이가 들면서 줄어든다. 또래들에 대한 집착이 커지다가 마침내는 또래이성에 대한 집착으로 변경된다. 이러한 집착 즉 연애는 최대의 옥시토신으로 최대의 행복감을 준다. 하지만 TV 광고에서 지적하듯이 연애의 지속기간은 18개월에 불과하다. 결혼하는 사람의 상당수가 이혼한다. 남녀의 사랑은 왜 이렇게 실패할 확률이 높은가? 무엇이 모자의 사랑처럼 굳건하지 못하게 하는가?

불

최근의 한 연구는 남녀의 사랑을 두 종류로 구분하고 있다. 그 하나는 **열정적인 사랑**(passionate love)이고 다른 하나는 **동반적인 사랑**(companionate love)이다. 우리가 연애사건이라고 일컫는 것은 보통 열정적인 사랑이다. 나이든 부부에게서 기대할 수 있는 사랑은 동반적인 사랑이다. 이 두 사랑은 별개의 것으로 보이지만 사실은 한 쌍에게서 모두 진행될 수 있다.

열정적인 사랑은 반하는 사랑이다. 큐피드의 화살이 가슴에 박힌 사람들이 갑작스레 사랑에 빠진다는 신화처럼, 연인들은 서로를 갈망하며, 혼돈스런 감정에 사로잡

남녀간의 사랑에는
열정적인 사랑과 동반적인 사랑, 이 두 가지가 있다.

힌다. 여기에는 이타심도 있고 질투도 있으며, 근심걱정도 있고 평안도 있으며, 기쁨도 있고 고통도 있다. 이에 반해 동반적인 사랑은 오랜 시간에 걸쳐 생성되며 서로를 돌보며 의존하고 신뢰한다. 열정적인 사랑이 불과 같다고 한다면 동반적인 사랑은 덩굴과 같다.

열정적인 사랑은 마약과 같다. 그것은 마치 코카인이나 헤로인과 같은 방식으로 작동된다. 도파민이 분비되기 시작하면 세상이 달라 보이고, 아드레날린이 분비되어 가슴이 뛰기 시작하며, 세로토닌이 분비되면 연인이 무조건 예뻐 보이게 된다. 페닐에칠아민이 분비되면 결혼을 생각하게 되고, 마침내 옥시토신과 엔도르핀이 분비되어 행복한 나날을 보내게 된다. 하지만, 이러한 사랑은 마약과 같아서 결국에는 그 효력이 떨어지고 만다. 18개월에서 36개월이면 이러한 최면상태에서 풀려나 사람들은 제 정신이 들게 된다. 이제까지 보지 못했던 상대방의 결점과 약점도 눈에 들어오고, 무엇보다도 이제는 더 이상 자신이 상대방을 사랑하고 있지 않다는 각성에 이르게 된다. 사랑하는 사람하고만 결혼생활을 유지할 수 있다는 신념에 충실하다면 이제 해야 할 일은 이혼이다. 열정적 사랑과 더불어 행복이 시작되었다면 그 사랑이 끝나는 이때부터 고통이 시작된다.

하지만 열정적 사랑으로부터의 각성이 있더라도 동반적 사랑을 유지할 수 있다면 아직 사랑은 끝나지 않는다. 동반적 사랑은 덩굴처럼 서서히 자라나서 뒤얽혀 서로를 하나로 묶는다. 사랑이 불타올라 죽음의 순간까지 심지어는 죽음을 넘어서까지도 활활 타오르리라는 기대는 생물학적으로 불가능하다. 그것은 문학적인 픽션일 뿐이며, 영원한 사랑은 오랜 친구와 같은 동반적 사랑밖에 없다.

덩굴

남녀가 사랑하면 행복한가? 열정적 사랑에서는 잠깐, 동반적 사랑에서는 오래

열정적인 사랑은 뜨겁지만 쉬 식고 말며
동반적인 사랑은 미지근하지만 날이 갈수록 따뜻해진다.

마디 35. 사람들은 왜 열정적 사랑에 빠져들까?

원숭이의 어린 것과 인간의 어린 것 사이에는 상당한 차이가 있다. 아기의 두뇌가 완전히 자라게 되면 너무 커서, 직립보행을 하는 어머니의 산도를 통과하여 세상에 나올 수 없다. 그러므로 산도의 크기 정도로 두뇌가 성장하면 아기는 세상으로 먼저 나오게 된다.

1년 정도 일찍 세상에 나오기 때문에 인간의 어린 것은 매우 무력하다. 이러한 아기를 돌봐야 하는 어머니는 어미 원숭이보다 훨씬 큰 부담을 지게 된다. 이러한 부담을 혼자 지기는 너무 어려웠기 때문에 어머니는 임신에서부터 아기의 최소한의 생존 능력이 확보될 때까지 아버지의 도움을 받을 필요가 있었다. 그 기간은 대개 2-3년이다.

생리학자들은 호르몬 등의 분비로 18개월에서 36개월 정도 열정적인 사랑이 지속된다고 보는데, 이는 결혼이라는 사회적 제도가 형성되기 이전에 남자와 여자가 아이가 살아남을 수 있게 하기 위하여 같이해

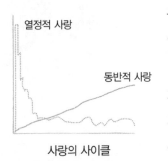

열정적 사랑

동반적 사랑

사랑의 사이클

열정적인 사랑의 기간은
종족보존을 위한 최소한의 시간이다.

야 하는 최소한 시간과 들어맞는다. 앞의 표는 열정적 사랑과 동반적 사랑이 30년이라는 시간 속에서 어떻게 변화하는지를 보여주고 있다.

그렇다면 사람들은 어떻게 배우자를 고를까? 오늘날 사람들은 '사랑'이라는 필터를 통하여 까다롭게 배우자를 선택한다. 하지만 진화론자들은 유전자 수준에서는 그렇게 까다로운 선택을 하지 않는다고 본다. 예컨대 일란성 쌍둥이들의 여러 취향은 비슷하고 심지어는 따로 길러졌을 경우에도 자신의 아이들에게 비슷한 이름을 붙일 정도이지만, 배우자와 관련해서는 그러한 특징이 나타나지 않는다. 그 배우자들도 쌍둥이 배우자의 형제나 자매를 특별히 선호하지 않는다.

진화론자들은 우선 여성은 아이를 낳을 만하고 남성은 식량을 공급하고 안전을 보장해 줄 만하면 배우자로서의 자격은 갖추어진다고 본다. 그 다음 조건은 그러한 배우자가 주변에 있어서 만날 수 있어야 한다는 것이다. 셋째 조건은 상대방이 자신을 또한 선택해야 한다는 것이다.

열정적 사랑

문화적인 존재로서의 인간은 이러한 조건들이 갖추어진 대상들 중에서 어떤 특정한 대상을 선택한다. 어떻게 그러한 특정한 대상을 선택하는가에 대한 가장 가능성 있는 설명은 **각인**(imprint)이다.

각인은 오리나 얼룩말이 알에서 깨거나 태어났을 때 처음 본 어떤 것을 어미로 파악하는 본능적인 메커니즘이다. 열정적 사랑에서는 부모나 형제자매와의 유사성이 이러한 각인의 메커니즘을 작동시킨다고 알려져 있다. 일단 이러한 시스템이 작동되면 그 시스템이 무효화될 때까지 더 이상 각인은 일어나지 않는다. 사랑에 빠진 사람들이 상대방에게만 집착하는 까닭은 이러한 방식으로 설명된다.

사람들은 왜 열정적 사랑에 빠져들까? 자손의 최소한의 생존을 보장하기 위하여

생물학적으로 배우자 선택은 그렇게 까다롭지 않지만
문화적으로 인간은 각인에 의해서 배우자를 선택한다.

마디 36. 결혼생활이 사람을 행복하게 할까?

결혼반지

　　미국의 경우 결혼하지 않은 사람의 25% 정도만이 자신의 삶이 아주 행복하다고 응답하는 반면, 결혼한 사람은 40% 정도가 자신의 삶이 아주 행복하다고 대답한다. 사람들이 결혼을 멍에니 굴레니 속박이니 하고 말하지만, **결혼은 사람들을 불행하게 하기보다는 행복하게 한다.** 물론 결혼생활의 이러한 긍정적, 부정적 요소에 남성보다 여성이 더 민감하게 반응하는 측면이 있기는 하다.

　　하지만 엄격히 말하면 결혼 그 자체가 행복을 의미하는 것은 아니고 성공적인 결혼생활이 행복을 의미한다. 결혼생활을 유지하고 있는 대부분의 사람들은 자신의 결혼생활이 행복하다고 말한다. 미국의 경우 거의 2/3 이상이 자신의 결혼생활이 아주 행복하다고 응답했으며, 3/4이 자신의 배우자가 최고의 친구라고 말하며, 4/5가 다시 결혼하게 되면 현재의 배우자와 하겠다고 대답하고 있다.

　　하지만 미국의 경우 결혼한 사람들 중의 50%가, 캐나다에서는 40%가 이혼한다.

■
■　결혼이 아니라 성공적인 결혼생활이 인간을 행복하게 한다.
■　나쁜 결혼생활은 이혼이나 별거보다 불행할 수 있다.

(물론 이혼한 사람들은 재혼하고 또 이혼하고 또 재혼하기도 하기 때문에 이는 절대
적인 수치는 아니다. 대체로 이혼 후 3년 내에 75%가 재혼한다.) 결혼을 유지하고 있
는 사람들 중에서도 약간은 행복하지 못한 결혼생활을 영위하고 있다.

결혼을 유지하고 있는 미국인의 60%는 자신의 결혼생활이 아주 행복하다고 보고
했는데, 이들은 또한 자신의 전체적인 삶도 아주 행복하다고 보고했다. 반면에 나머
지 40% 중에서 전체적인 삶이 매우 행복하다고 보고한 사람은 1/10 정도였다. 이는
사실 별거한 사람들이나 이혼한 사람들보다 삶의 행복도에서 훨씬 낮은 수치이다.
나쁜 결혼생활은 결혼을 하시 않는 것보다 못하다는 결론이 이 통계수치에서 나온다.

좋은 결혼생활이 행복을 고양시키는 데는 두 가지 이유가
있다. 그 하나는 결혼이 지속적이고 지원적이고 친밀한 관
계를 유지시키며 외로움을 덜 느끼게 만들기 때문이다. 예
를 들면 결혼한 남자 수련의들은 심리적인 고통을 덜 받으
며 수련의 생활을 성공적으로 끝마친다. 좋은 결혼생활은
상대방에게 의지할 만한 동반자, 연인, 친구를 제공한다.

부모

결혼생활이 행복을 고양시키고 불행을 저지하는 다른 이유는 결혼생활이 배우자
와 부모로서의 역할을 추가적으로 수행하게 하기 때문이다. 물론 추가적인 역할이
심신의 부담을 늘리는 것도 사실이다. 하지만 이러한 역할은 자존감도 높인다. 한 역
할에서 실패를 경험하더라도 다른 역할에서의 성공으로 이를 보상할 수 있다. 예컨
대 직장에서 성공하지 못해도 큰 문제가 아니 된다. 궁극적으로 더 중요한 것은 가정
이기 때문이다.

결혼생활이 사람을 행복하게 할까?
그 결혼생활이 좋은 것이라면, 분명 그렇다.

결혼생활은 동지를 갖게 하고 다중적인 역할을 갖게 함으로써
동지적인 지원과 성공적인 역할수행으로 삶을 행복하게 만든다.

마디 37. 동거가 결혼의 불행을 면하게 해줄까?

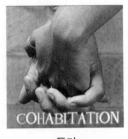

동거

결혼생활은 이처럼 행복의 계기가 되지만 또한 불행의 계기도 되기 때문에 차선의 효과를 취하더라도 최악의 결과를 피한다는 합리적인 원칙에 따라 결혼 대신에 동거를 선택하는 많은 사람들이 서구에서는 생겨났다. 초청장에 인쇄되는 문구가 '부인과 같이'라는 표현 대신에 '중요한 사람과 같이'라는 표현으로 바뀌었다.

그들은 사랑에 빠진 사람들이 너무 낙관적이 되고, 성공적인 결혼생활을 위해서는 노력과 더불어 행운도 필요하며, 오늘날 많은 부부들이 이혼한다는 것을 잘 알고 있다. 그래서 그들은 영원한 약속인 결혼보다 잠정적인 약속인 동거로 최악의 결과를 피하고 차선의 효과를 얻으려고 한다.

이러한 입장은 쾌락주의적 사유의 결과라고 말할 수 있다. 결혼은 두 사람의 필요와 욕망을 충족시키기 위하여 하는 것이며, 두 사람이 사랑하는 한에서만 의미가 있다는 것이다. 그래서 결혼의 성공 여부는 두 사람이 결혼에서 얼마나 행복하고 만족

결혼은 영원한 약속이며
동거는 잠정적인 약속이다.

하냐에 달려 있다고 동거주의자들은 생각한다.

여기까지는 문제가 없다. 하지만 그들은 의식적으로 또 무의식적으로 아이들이나 가족이나 사회의 행복은 자신들의 관심사가 아니라고 생각한다. 물론 쾌락주의가 잘못된 입장은 아니다. 우리는 누구나 쾌락주의자이니까. 하지만 우리는 순수한 쾌락주의자는 아니다. 우리는 유의미한 고통이나 희생도 있다고 생각한다. 이런 의미에서 순수한 쾌락주의적 사유에는 문제가 있다.

산업사회가 도래하기 전에 가족의 구성원들은 상호의존적이었다. 어린이들은 살아남기 위해 부모에 의존해야 했으며, 부부들도 서로 의존해야 했다. 노후에는 노인들이 자식들에게 의존해야 했다. 이러한 상호의존적인 가족을 유지하기 위하여 이혼은 금기시 되었다. 가톨릭은 여전히 이 금기를 유지하고 있다.

오늘날 부부들은 독립적인 수입원을 가지고 있고, 다양한 사회보장제도는 결혼이라는 틀 내에 들지 않는 어른이나 아이들도 행복한 생활을 할 수 있는 여건을 제공하고 있으며, 사회적 통념 또한 결혼을 의무적인 것으로 더 이상 생각하지 않는다. 이제 결혼이라는 무거운 제도 대신에 동거라는 가벼운 제도를 선택할 여건은 조성되었다. 하지만 현실은 만만하지 않다.

동거 후 결혼한 사람들의 이혼율이 그렇지 않은 사람들의 이혼율보다 미국에서는 30%, 캐나다에서는 54%, 스웨덴에서는 80% 높다. 당사자가 아닌 사람들을 고려하면 특히 동거자의 아이들이 경제적으로나 심리적으로 불안정이나 충격을 경험할 가능성이 매우 높다. 자신들을 위해서나 아이들을 위해서나 동거는 그렇게 바람직하지 않다.

이혼

동거가 결혼의 불행을 면하게 해줄까? 때로는, 하지만 대개는 아니다.

동거는 남녀 당사자에게 최악의 결과를 피하게 한다.
하지만 그들의 자녀들에게는 최악의 결과를 가져올 수 있다.

마디 38. 행복한 결혼생활의 통계적 조건은?

  행복하고 불행한 결혼생활을 하는 사람들의 공통점과 차이점을 통계적으로 처리해 보면, 행복한 결혼생활의 7대 조건은 다음과 같다.

    1. 20세 후에 결혼   2. 결혼 전에 오래 사귐

    3. 교육수준이 높음   4. 안정된 수입이 있음

    5. 소도시나 농촌에 거주   6. 혼전 동거나 임신 않음

    7. 신앙을 가짐

  스무 살 이전의 결혼은 특히 열정적인 사랑일 수 있고 아직 동반적인 사랑이 제대로 자리 잡기도 전에 파국에 이를 수 있다. 우리 사회에서는 그렇게 흔한 일은 아니지만, 서구사회에서 조혼과 이에 따르는 다양한 문제들은 많은 사회적 문제들의 출발지이기도 하다.

10대 결혼

  결혼 전에 사귀는 기간을 오래 가짐으로써 연인들은 열정적인 사랑 속에서 하게

통계적인 자료가 이야기하는 것은
우리가 예외이기보다는 표준일 가능성이 높다는 것이다.

되는 여러 가지 실수를 피할 수 있는 기회를 갖게 되고 동반적인 사랑을 시작할 토대를 마련할 수 있다. 결혼 전의 동거가 아니라 결혼 전의 사귐이 결혼생활을 안정적이게 한다.

높은 교육수준이 행복에 중요하다고 말하면 편견일 수 있지만, 반드시 그런 것은 아니다. 교육수준이 높다는 것은 자신과 상대방에 대하여 더 잘 이해하거나 이해할 수 있는 방법을 배울 수 있다는 것을 의미한다. 그런 의미로 교육수준은 행복과 관련이 있다. 어느 정도의 수입은 행복의 절대적인 필수조건이다. 이혼의 중요한 사유 중의 하나가 경제문제라는 것은 안정된 수입이 있다는 것이 결혼의 절대적인 필수조건임을 또한 말해 주고 있다. 소도시나 농촌에 살고 있다는 것은 결혼생활의 여건이 더 과거에 가깝다는 것을 의미한다. 이러한 삶의 방식은 삶의 스트레스가 적고 결혼생활을 파국에 이르게 하는 부정적인 요소가 상대적으로 적다.

결혼 전에 동거하거나 임신하지 않았다는 사실은 부부가 전통적인 삶의 방식을 따랐다는 의미인데, 이러한 부부는 결혼 후에도 전통적인 삶의 방식을 따를 가능성이 높다. 그들은 결혼생활 자체를 중요하게 여기기 때문에 성공할 가능성이 많다.

신앙생활

일반적으로 종교는 가정을 신앙의 보금자리로 간주한다. 신앙생활에서는 자신에 대한 관심도 중요하지만 이웃에 대한 관심도 중요하다. 불만을 갖기보다는 감사하는 생활태도가 신앙생활의 특징이기 때문에 신앙을 가진 남녀는 결혼생활의 어려움을 쉽게 넘어서고 행복을 배가시킬 수 있다.

행복한 결혼생활의 조건은 무엇인가?
서두르지 않는 사랑, 높은 교육과 수입, 전원적인 거주와 신앙

인간이 만물의 영장이 된 것은 교육 덕분이다.
교육은 인간을 인간답게 하여 짐승처럼 행동하지 않게 한다.

마디 39. 행복한 결혼생활의 심리적 조건은?

심리학자들은 통계학자들과 달리 행복한 결혼생활의 조건으로 유사, 성희, 친밀, 평등을 들고 있다. 물론 이것들은 통계적 조건들과 상관되어 있다.

전통혼례

남자와 여자가 서로 보완하듯이, 태도나 신념이나 가치가 다른 두 사람이 모여서 사는 것이 결혼생활을 행복하게 할까? 그럴 듯하게 들리지만 전혀 아니다. 관심이나 태도가 유사하면 할수록 결혼생활도 행복해지고 차이가 나면 날수록 이혼할 가능성이 높아진다. 역설적으로 연애결혼을 하는 사람보다 중매결혼을 하는 사람이 더 닮았다. 결혼 10년 후 중매결혼자가 서로를 더욱 사랑한다.

결혼생활에서 **성생활**은 꽃과 같다. 성생활의 빈도와 행복의 관계에 대하여 말하자면 이 양자의 관계는 강하지도 약하지도 않은 상관도를 가진다. 관련이 있지만 절대적이지는 않다는 의미이다. 빈도보다도 오히려 중요한 것은 질이다. 생물학적 방출보다 심리적인 친밀성이 성적 만족을 높인다. 상상과는 달리 실제에서는 낯선 미남

연애결혼을 하는 사람보다 중매결혼을 하는 사람이 유사성이 더 많고,
그래서 나중에 더 사랑한다.

미녀보다 친근한 배우자가 성적 행복을 더 크게 준다. 성생활은 부부를 결합시키고 사랑을 새롭게 하는 행위이다.

성생활을 같이하는 것만이 **친밀성**을 높이는 것은 아니다. 기도를 같이하는 것도 친밀성을 높인다. 부부는 남에게 말할 수 없는 좋은 것과 싫은 것, 희망과 근심, 자랑과 수치를 함께 나누지만 같이 기도할 때는 그것을 더욱 깊숙이 같이할 수 있다.

기도

같이 기도하지 않는 사람은 57%가 자신들의 결혼생활이 매우 행복하다고 한 반면 같이 기도하는 사람은 75%가 그렇다고 보고하고 있다. 또 같이 기도하고 자주 성생활을 하는 부부들 중 90%가 자신들이 아주 행복한 결혼생활을 하고 있다고 응답하고 있다.

행복한 부부생활은 원시공산사회에서의 생활과 같다. 서로를 마음으로 돌보며, 가진 것을 서로 나누고, 돌본 것이나 나눈 것을 돌려받으려고 생각하지 않는다. 지배하고 지배받는 자도 없고 착취하는 자도 착취당하는 자도 없다. 이러한 **평등**이 깨어지면 한쪽이 다른 쪽에 일방적으로 기여한다고 생각하게 되고, 그렇게 되면 쌍방이 모두 스트레스를 받는다.

의견이 갈리고, 명령하고, 비판하고, 억압하면 부부생활은 곤경에 처하게 된다. 행복한 부부들이 하는 일을 흉내 내면 불행한 부부도 행복하게 될 수 있다고 심리학자들은 말한다. 부정하지 말고 긍정하며, 시간을 내어서 이야기를 나누고, 함께 기도하고, 성생활에 더 신경을 쓴다면 행복해질 수 있다. 생각이 말을, 말이 행동을, 행동이 습관을, 습관이 삶을 만들기 때문이다.

행복한 결혼생활의 심리적 조건은? 유사, 성희, 친밀, 평등

같이 기도하는 것은 대화하는 것과 같다.
신앙을 가지지 않는 사람이 나누는 진지한 대화는 기도와 같다.

마디 30. 사랑이 사람을 행복하게 하는가?

마디 31. 사랑의 종류는 몇 가지인가?

두 가지, 그러나 자세히는 세 가지

마디 32. 어린아이는 언제 행복한가?

젖을 먹을 때가 아니라 접촉하고 모험할 때

마디 33. 어떤 인간관계가 행복을 가져오는가?

안정적인 모자관계나 남녀관계가

마디 34. 남녀가 사랑하면 행복한가?

열정적 사랑에서는 잠깐, 동반적 사랑에서는 오래

마디 35. 사람들은 왜 열정적 사랑에 빠져들까?

자손의 최소한의 생존을 보장하기 위하여

마디 36. 결혼생활이 사람을 행복하게 할까?

그 결혼생활이 좋은 것이라면, 분명 그렇다.

마디 37. 동거가 결혼의 불행을 면하게 해줄까?

때로는, 하지만 대개는 아니다.

마디 38. 행복한 결혼생활의 통계적 조건은?

서두르지 않는 사랑, 높은 교육과 수입, 전원적인 거주와 신앙

마디 39. 행복한 결혼생활의 심리적 조건은?

유사, 성희, 친밀, 평등

사랑하는 사람은 행복할 수 있다.

하지만 어리석게 사랑하는 사람은 행복할 수 없다.

MEMO

노동은 성서에서도 마르크스에게도 저주였다.

하지만 노동은 저주가 아니라 해방이다.

마디 40. 일에서 어떻게 행복을 찾을까?

성서에 따르면 아담과 이브가 하느님의 말씀을 어기고 지혜의 열매를 따먹은 탓에 처벌을 받게 되었는데, 이브에게 주어진 형벌은 출산의 고통이었고, 아담에게 주어진 형벌은 노동의 고통이었다. 이마에 땀을 흘리지 않고서는 먹을 수 없다는 이 저주에 따라 성서적 세계관 속에 사는 사람들은 노동을 저주라고 생각해 왔다.

이러한 저주를 더욱 가혹하게 만든 것은 마르크스였다. 그에 따르면 자본주의 사회에서 노동은 자신이 원하는 것이 아니라 남이 원하는 것을 임금 때문에 어쩔 수 없이 해야만 하는 강제노동이다. 이러한 강제노동 속에서 인간은 자신을 자신이 아니라 타인으로 느끼며 노동에서 벗어날 때만 비로소 자신을 자신으로 느낀다. 과연 노동은 이러한 저주일까?

노동을 통해서만 우리는 심신의 해방을 얻는다.
노동 없는 삶은 곧 죽음에 이르는 불행이다.

마디 41.   일은 저주인가 행복인가?

실업자

　직장을 가지고 있는 사람에게 일은 저주까지는 아니더라도 적게 하면 할수록 좋은 그런 것일 수 있다. 하지만 적어도 직장을 가지고 있지 못한 사람에게 일은 저주가 아니라 곧 행복이다. 실업상태에 놓이게 되면 과거에는 귀찮았던 일이 이제는 소중하게 보이는 경험을 하게 된다.

　내가 직장을 가지고 있었을 때 사실 나는 그 일을 그렇게 좋아하지 않았어요. 왜냐하면 그것은 그저 책들을 박스에 넣고 포장하는 일에 불과했으니까요. 하지만 동료들은 좋은 사람들이었고 함께 일해서 좋았죠. 이제 나는 그 일이나 아무 일이나 하기를 원해요. 나는 다른 실업자들과 거리에 나앉아 있죠. 내가 직업을 가졌을 때는 나는 그래도 누구였어요. 아니 중요한 인물은 아니었지만 그래도 평범한 사람에는 속했죠. 지금은 아무것도 아니에요.

취업자에게 직장에서의 노동은 고생일 수 있다.
하지만 실업자에게는 그것은 은총이다. 자기를 확인하는 기회이다.

이 사람이 느낀 것은 경제적인 어려움만이 아니었다. 그는 그 이상의 어려움을 겪고 있었다. 부유한 부모 덕분에 특별한 경제적인 필요를 느끼지 않았던 한 실업자는 실업이라는 상황 속에서 자신이 무가치하며, 독립적이지 못하고, 자유롭지 못하다는 느낌을 가졌다. 그렇다면 취업자에게는 일이 고통이고 여가가 행복인가? 성서나 마르크스에 따르자면 노동자는 모두 노동의 노고를 불평해야 한다. 그러나 생각처럼 노동자들은 자신의 노동에 대해 그렇게 불만을 가지지 않는다. 통계에 의하면, 실업자보다는 육체노동자가, 육체노동자보다는 정신노동자가 더 행복하다고 보고한다. 노동 자체가 고통이기만 한 경우도 쉽지 않지만, 여가도 반드시 행복한 것은 아니다. 노조활동의 활성화와 주5일근무제 등으로 우리도 과거와 달리 많은 여가를 누리게 되었지만, 사실 여가가 많다고 반드시 더 행복해지는 것은 아니다. 여가를 어떻게 보낼지 모르는 경우 여가는 축복이기보다 저주일 가능성이 높다.

우리 모두는 더 많은 자유시간을 원한다. 하지만 우리가 그것을 갖게 되면 우리는 그것을 가지고 무엇을 해야 할지를 모른다. 대부분의 느낌이 나빠진다. 의기소침하고, 귀찮아지고, 우울하고, 무력해진다. 이러한 공허를 채우기 위하여 사람들은 자기와 반대되는 다른 사람들을 보기를 원한다. 그래서 텔레비전이나 다른 방법을 찾는다.

텔레비전을 보는 사람의 3%만이 플로를 경험하는 반면 취미활동을 하는 사람은 47%가 플로를 경험한다. 일반적으로 돈이 적게 드는 여가활동이 행복에의 기여도가 높은데, 보트를 타는 것보다는 꽃나무를 가꾸는 것이, 텔레비전을 보는 것보다는 친구와 대화하는 것이 훨씬 행복도를 높인다.

일은 저주인가 행복인가? 부분적으로는 저주, 대개는 행복

원심적 여가는 또 다른 고통이다.
구심적 여가를 통해서만 여가는 행복의 시간이 된다.

마디 42. 일을 하면 왜 행복할까?

정체감

일이 반드시 부담만을 의미하는 것도 아니며 여가가 반드시 자유만을 의미하는 것도 아니라는 사실을 앞 마디에서 살펴보았다. 많은 사람들은 일에서 부담을 느끼는 것이 아니라 오히려 행복을 느낀다. 실업상황을 경험하지 않더라도 자신의 일을 소중히 여기며 일에서 보람을 느끼고 같이 일하는 사람들을 반가워한다. 이런 사람들은 왜 일을 할 때 행복감을 느끼게 되는 것일까?

가장 중요한 이유는 일이 자신의 **정체감**을 제공하기 때문이다. 실업자들이 느끼는 공허감 중에서 가장 강력한 것은 자신이 아무도 아니고 아무것도 아니라는 느낌이다. 일반적으로도 '그 사람이 누구냐?'라는 질문에 답하려고 할 때 가장 먼저 들게 되는 것이 그 사람의 직업이다. 그 사람이 어떤 일을 하느냐를 말하는 것이 그 사람에 대해 반 이상을 이야기하는 것이 된다.

이러한 정체감과 아울러 행복감에 기여하는 것은 **일체감**이다. 배우자와 자식들도

일은 자신에게 자신이 누구인지를 확인시켜 준다.
일은 자신이 어디에 속하는지를 또한 확인시켜 준다.

있고, 친구나 친척들도 있지만, 사실 가장 많은 시간을 같이하는 사람들은 직장동료들이다. 정체감을 공유하는 동료들과의 사회적 일체감은 인간으로 하여금 사회 속에서 자신의 자리를 확고하게 파악하게 함으로써 그 인간의 행복에 기여한다. 실업자나 은퇴자는 이런 일체감을 느끼지 못하고 소외감을 느낀다.

정체감이나 일체감과 더불어 행복을 증대시키는 것은 사회에의 기여감이다. 결국 우리의 삶은 사회적 분업으로 이루어져 있고, 이러한 분업체계에서 내가 맡고 있는 역할을 수행하는 것은 사회가 필요로 하고 있는 어떤 일을 하는 것이다. 그것이 사소한 것이든 중요한 것이든 여하튼 나는 나의 일을 통하여 사회에 기여하고 있다. 이렇게 내가 기여하고 있다는 느낌이 우리를 행복하게 한다.

일체감 & 기여감

이렇기 때문에 '큰 유산을 물려받게 되면 지금 하고 있는 일을 그만 두고 쉬겠느냐?'는 질문에 대하여 75%는 그렇게 하지 않겠다고 대답한다. 직업생활에서 정체감, 일체감, 기여감을 느낀 사람은 거의 100%가 지금 하고 있는 일을 계속하겠다고 말한다. 이런 사람들의 80%는 직업을 다시 선택할 수 있다고 하더라도 같은 직업을 선택할 것이라고 대답한다. 이에 반해 이런 느낌을 가지지 못한 사람들은 거의 다 다른 직업을 선택할 것이라고 대답한다.

특히 일에서 행복을 느끼는 사람들의 공통점은 그 사람들이 대개 일을 통제할 수 있는 입장에 있다는 것이다. 높은 지위에 있거나 아니면 낮은 지위에 있어도 자신의 목표와 시간을 스스로 정할 수 있고 중요한 의사결정에 참여할 수 있다면 사람들은 일에서 더 큰 행복을 느낀다. **통제감**이라는 것은 어떤 상황에서도 인간의 행복에 기여한다.

일을 하면 왜 행복할까? 정체감, 일체감, 기여감, 그리고 통제감을 느끼기 때문에

일하는 사람이 스스로 자신의 일을 통제할 수 있을 때
정체감, 일체감, 기여감은 더욱 커진다.

마디 43. 언제 플로에 빠져들게 되는가?

	높은 도전	
낮은 기술	걱정 | 몰입	높은 기술
	냉담 | 지루	
	낮은 도전	

플로와 플로가 아닌 것

열중하거나 **몰입**하는 경험인 플로(flow)를 직업생활에서 자주 경험한다면 그것은 극히 행복한 일이 될 것이다. 하지만 플로를 느끼기 위해서는 조건이 있다. 도전과 응전과 피드백이 그것들이다. 도전이 너무 커서 시간이나 기술이 그것을 따라갈 수 없을 때 응전을 시도하는 사람은 걱정(anxiety)하고 스트레스를 받을 수밖에 없다.

이것보다는 낫지만 그래도 여전히 플로를 만들지 못하는 도전도 있는데, 그것은 도전이 너무 약해서 시간이나 기술이 남아돌 때이다. 이러할 때 응전을 시도하는 사람은 **지루**(boredom)함을 느낀다. 플로에 반하는 다른 한 상황은 냉담(apathy)인데, 이는 도전도 신통치 않고 응전할 기술도 신통치 않을 때 생겨나는 상황이다.

놀이하는 아이들

냉담하거나 지루하거나 걱정스러운 일이 아니라면
플로에 빠질 가능성이 있다.

예술가들이 플로에 빠져 작품을 만들 때 그들은 작품을 생산하지 않는다. 그들이 일하는 이유는 돈 때문도 아니고 승진 때문도 아니고 명예 때문도 아니다. 작품창조 그 자체를 위해서 그러한 행위를 한다. 어떤 의미에서 그들은 어린아이들과 같다. 어린아이들이 플로에 빠져 놀이를 하는 것은 어떤 다른 이유가 있어서가 아니다. 그저 놀이가 좋기 때문이다. 그들은 시간 가는 줄도 모르고 배고픈 줄도 모른다. 그 일에 푹 빠져서 그 일만을 생각하면 자신을 완전히 잊고 만다.

직업생활에서 이러한 플로를 느끼기는 그렇게 쉽지 않다. 플로를 느끼기 위해서는 자신이 하는 일에서 어떤 의미를 느낄 수 있어야 하고 또 그러기에 그 일에 도전할 수 있어야 한다. 작업시간이 끝나는 신호만을 기다리거나 시계만 쳐다보는 사람은 플로를 결코 느낄 수 없다. 이런 사람들은 작업시간의 25% 동안 실제로 작업을 하지 않는다. 백일몽을 꾸거나 잡담을 하거나 개인적인 일을 하고 있을 뿐이다.

직업생활에서 플로에 빠지기 위해서는 의미를 발견하고 도전을 감행해야 하는데, 이를 위해서는 개인적인 결심도 필요하고 사회적인 배려도 필요하다. 일반적으로 어떤 일에서 최고가 된 사람들은 그 일을 잘하는 사람이기 이전에 그 일을 즐기는 사람들이다.

정신일도하사불성(精神一到何事不成)을 강조하는 동양적 사유전통 속에서는 개인적인 결심으로 무엇이든 극복할 수 있다고 주장하지만, 이는 개인에게만 너무 큰 짐을 지기를 요구하는 것이다. 환경 또한 의미를 발견하고 도전을 수행할 수 있도록 조성될 수 있다. 작업집단을 자율적인 소집단 즉 팀으로 나누고, 시간과 목표를 스스로 조절하고 전체의 의사결정에 참여하고 이익을 서로 나누게 한다면, 노동자는 훨씬 쉽게 플로에 빠져들 수 있다.

언제 플로를 느끼게 되는가? 의미를 발견하고 도전을 감행할 때

작업의 의미를 발견하고 그 의미에 도전하기 위해서는
개인적인 결심과 함께 사회적인 배려도 필요하다.

〈플로를 경험하는 작업장의 예들〉

허먼 밀러 사(Herman Miller Inc.)

　이 회사는 미국에서 유명한 사무가구 회사이다. 5,500명의 노동자들을 작은 팀들로 나누고, 그들의 작업에 대한 결정에 참여하게 하고, 회사의 이익을 나누었으며, 1년간 근무하면 회사의 주주가 되도록 하였다. 인사책임자 대신에 직원들의 사기를 높이고 직원들의 제안을 실현시키고 의사소통을 진작시키는 일을 담당하는 부사장을 두었다. 이러한 참여적 경영의 저변에는

허먼 밀러 가구

이 회사의 경영철학이 깔려 있었는데, 그것은 종업원들이 존경받고 돌봐지고 참여할 때 그들은 더 행복해지고 더 생산적으로 된다는 것이었다. 1970년부터 1991년 사이에 이 회사의 주가는 25배로 급등했다.

도널리 사(Donnelly Corporation)

도널리 거울

　이 회사는 미국 제일의 자동차 거울 제조회사이다. 존 도널리(John Donnelly)는 안전한 거울은 물론이고 유의미하고 참여적인 작업환경을 만들기를 원했다. 도널리는 작업집단을 나누어 자기경영적인 작업팀으로 구성하였다. 이윤이 남을 때는 노동자들에게 이윤을 나누어 주고 이윤이 없을 때에는 관리자들의 봉급을 깎았다.

이 회사에는 이사전용 주차장이 없었다. 나이 든 사장이 얼음판에 미끄러지는 것을 본 종업원이 사장실 근처의 주차장에 사장전용이라는 표지를 달아 놓자, 사장은 그것을 떼어다가 자기 방에 매달아 놓았다. 그는 주차의 편의나 수백만 개의 거울보다도 직원들이 존경받고 참여하고 있다는 것을 중요하게 생각했다.

스캔론 지도자협회(Scanlon Leadership Network)

스캔론

허먼 밀러 사나 도널리 사 등이 채택한 참여적 경영방식은 스캔론 지도자협회가 표방하고 있는 경영철학의 모태이자 적용 예이다. 이들의 경영철학은 다음과 같이 요약될 수 있다.

1. 경영자는 종업원, 고객, 주주들에게 봉사해야 한다.
2. 일선의 종업원들이 일에 대해서 가장 잘 안다.
3. 사람들이 참여할 때 어려운 일도 해낼 수 있다.
4. 정보가 공유될 때 신뢰와 이해가 생겨난다.
5. 이윤은 종업원, 고객, 주주와 공유한다.
6. 낭비를 줄이고 성장하기 위하여 노력한다.

칼

마디 44.   플로를 얻기 위하여 무엇을?

경영자들은 종업원들이 플로를 얻을 수 있는 여건을 조성해 줄 수 있다. 종업원들이 자신들의 작업과 관련된 문제의 결정에 참여할 수 있게 하고, 작업을 통하여 얻어지는 기업의 이득을 공유하며, 투명한 경영으로 기업의 내용을 들여다볼 수 있게 하고, 기업이 고객들의 삶에 갖는 의미를 이해시킨다면, 종업원들은 훨씬 쉽게 자신의 작업에서 플로에 빠질 수 있을 것이다.

우리들 대부분은 경영자가 아니다. 하지만 경영자가 아니라고 해도 남이 플로에 쉽게 빠지도록 격려할 수는 있다. 우리는 언제 어디서나 다른 직장인의 고객이기 때문에 우리를 위하여 일하는 다른 직장인들의 작업의 중요성을 인정하고 그들에게 감사를 표할 수 있다. 이러한

감사

우리의 행위는 그들이 자신의 일의 중요성을 이해하고 좋아하도록 도울 수 있다.

더 중요한 것은 자신 스스로가 플로를 경험하는 일이다. 자신의 일의 의미를 찾고 자신의 일에 도전함으로써 우리는 플로를 경험할 수 있다. 잠재적인 위협이나 지루

플로의 조성에 기여하는 다양한 방법이 있다.
경영자로서, 고객으로서, 노동자로서 플로의 조성에 기여할 수 있다.

한 과제를 자극적인 도전으로 변화시킬 수 있다면 플로를 경험할 가능성은 훨씬 높아진다. 칙센트미하이는 플로를 얻기 위하여 우리가 네 가지 과제를 수행할 필요가 있다고 지적했다.

첫째는 목표를 설정하는 것이다. 어떤 **목표**를 설정한 다음에 자신이 그 목표에 다가가고 있는지 확인해야 한다. 둘째는 그 활동에 몰두하는 것이다. 어떤 일을 하든지 간에 그 일의 대단히 중요한 맥락을 상상함으로써 그 일이 아주 **중요**하다고 생각하면서 그 일을 수행해야 한다. 셋째는 무슨 일이 일어나고 있는지 **집중**해야 한다. 체조경기의 심판처럼 자신이 하고 있는 일을 하나도 놓치지 않고 주목해야 한다. 넷째는 순간순간의 경험을 즐기는 것이다. 순간순간의 상황을 중요한 이야기가 전개되는 절정으로 생각하고 영화의 감독처럼 그 장면을 **연출**하며 즐겨야 한다.

플로를 생각한다면 놀이와 같이 즐길 수 있는 어떤 일을 직업으로 선택하는 것이 바람직하겠지만, 일단 어떤 직업을 선택했다면 그 직업생활을 놀이로 만들 수 있는 방법을 생각해 내는 것이 중요하다. 요리사는 요리만 하는 것이 아니다. 속도와 정확성이 요리를 놀이로 만들 수 있고, 균형과 아름다움은 요리를 예술로 만들 수도 있다.

영화감독

물론 여가에서도 플로를 찾도록 노력할 필요가 있다. 직업생활을 연출하듯이 여가생활도 연출할 필요가 있다. 자신이 플로를 경험할 수 있는 여가생활이 무엇인지를 찾아내고, 그 여가생활로 뛰어드는 것이 필요하다. 일은 잘하지만 놀기는 잘 못한다면, 그 사람은 여가생활에서 플로를 찾을 줄 모르는 사람임에 틀림없다.

플로를 얻기 위해 무엇을?
목표설정, 중요성 부여, 과제집중, 순간연출

플로 경험의 조건들은
목표설정, 중요성 부여, 과제집중, 순간연출

마디 45. 레스트란 무엇인가?

잠

　　일도 잘하고 놀기도 잘하는 사람이 잘하는 또 한 가지는 자는 것이다. 잘 자는 사람은 어제의 피로를 깨끗이 씻어내고 새로운 몸과 마음으로 새로운 하루를 시작할 수 있다. 오늘 아침의 나는 어제 저녁의 나와는 완전히 다른 사람이다. 이렇게 수면을 통하여 자신을 **부활**시키는 사람은 자신의 일에 쉽게 열중하고 그래서 자신의 삶에서 쉽게 행복을 느낀다.

　　하루에 7-8시간을 잘 자는 사람은 그보다 덜 자거나 더 자는 사람보다 우울할 가능성이 50%밖에 되지 않는다는 조사결과가 있다. 잘 자기 위해서 가장 중요한 것은 **규칙적인 생활**이다. 금요일이나 토요일 저녁에 밤늦게까지 깨어 있는 사람은 일요일 저녁에도 밤늦게까지 잠들지 못한다. 이런 수면패턴으로 플로를 기대하기는 어렵다.

　　잠처럼 몸과 마음을 부활시켜 주는 인위적인 요법들 중의 하나가 레스트(REST) 즉 **환경자극제한요법**(Restricted Environment Stimulation Therapy)이다. 단색의 방 안에 혼자 있는 것과 같은 감각의 제한은 내적이나 외적인 자극에 대한 사람들의

잘 자는 사람은 부활의 기술자이다.
규칙적으로 생활하지 않는 사람은 완전한 부활을 경험하지 못한다.

감수성을 높인다. 이러한 효과를 얻기 위하여 방음 처리된 어두운 방의 침대에 편안하게 혼자 조용히 누워서 아무것도 하지 않도록 하는 것이 바로 레스트이다. 물론 물과 음식과 화장실이 제공되며 간단한 메시지를 주고받을 수 있는 내부통화장치도 있다.

이 요법은 사람들에게 자신에 대한 통제력을 높여주는 데 효과가 있다. 체중, 알코올, 말더듬, 고혈압, 이유 없는 불안, 담배 등을 감소시키고 자신감을 늘려주는데, 이는 고독이라는 경험을 통하여 현실의 자아와 이상의 자아를 동조시킬 수 있는 기회를 갖게 되기 때문이다. 이 요법의 경험자들은 자신들이 스트레스를 받지 않고 즐겁게 외적인 자극을 줄일 수 있었으며 그럼에도 불구하고 내부로부터 작은 조용한 소리를 들을 수 있었다고 보고하고 있다.

이렇게 인위적인 환경이 아니더라도 고독과 침묵을 경험하는 것은 사람을 상당히 변화시킨다. 배나 비행기가 난파되어 세상과 사람들로부터 고립된 사람들은 여러 가지 어려움을 겪지만 아울러 자신을 더 잘 이해하는 기회도 또한 갖는다. 역사적으로 보면 여러 종교지도자나 과학자나 철학자들은 고독을 즐기고 고독 속에서 생생한 환상이나 깊은 통찰을 획득했다.

사막의 예수

무인도에 혼자 살거나 사막을 혼자 방황하는 그러한 극단적인 경험 없이 일상생활에서도 우리는 조금 얕은 환상이나 통찰을 획득하거나 아니면 적어도 잠자는 것과 같은 휴식을 취할 수는 있다. 편안한 자세로 눈을 감고 깊이 숨을 쉬며 몸을 고정시키고 좋은 구절을 10-20분 동안 되뇌는 것만으로도 내적인 평화를 느낄 수 있고 혈압이 떨어지고 면역력이 증대된다.

레스트란 무엇인가? 환경자극제한요법

자극의 제한이라는 단순한 방법만으로도
휴식하고 통찰하고 환상을 창조하여 이상적 자아를 도모할 수 있다.

마디 46. 내 속의 무엇이 플로를 일으킬까?

〈세상에 이런 일이〉

앞에서 이야기한 플로의 조건들은 누구에게나 해당되는 것이다. 하지만 우리가 플로를 경험할 때에는 내 속의 어떤 것들이 중요한 역할을 한다. 그러므로 사람들은 비슷하기도 하지만 또한 나름대로 플로를 가진다. 〈세상에 이런 일이〉와 같은 종류의 텔레비전 프로그램에서 우리는 다른 사람들과 달리 유독 어떤 일에 몰입하는 사람들을 보게 된다. 그 사람들 속의 어떤 것이 그 일을 즐기게 했다고 생각할 수 있다.

그 어떤 것이란 구체적으로 무엇일까? 긍정심리학을 주창했던 셀리그먼은 그 어떤 것이 천부적 재능(talent)이거나 후천적 덕목(strength)이라고 지적한다. 소리를 정확히 내거나 얼굴이 예쁘거나 발이 빠른 것은 재능에 해당하고, 성실, 용기, 창의, 친절 등은 덕목에 해당한다. 그에 따르면 덕목은 도덕적 특징이고 재능은 비도덕적 특징이다.

여기서 도덕적이니 비도덕적이니 하는 표현은, 재능은 그것을 가지고 있지 않다고

■
■ 플로를 일으키는 것은 재능과 덕목이다.
■ 재능은 비도덕적 특징이지만 덕목은 도덕적 특징이다.
■

해서 도덕적 비난의 대상이 되지는 않지만, 덕목을 가지고 있지 못한 경우에는 인간
적 성숙이 부족한 것으로 평가받는다는 의미이다. 왜 재능이 없는 것은 탓하지 않으
면서 덕목이 없는 것은 탓할까? 왜냐하면 재능은 자신이 어찌할 수 없는 것이지만,
덕목은 자신의 의지를 통하여 어떻게 해볼 수 있는 것이기 때문이다.

빈약한 근육을 타고난 사람이 아무리 노력한다고 해도 최고의 육상선수가 될 수는
없다. 물론 다소간의 개선이 가능하겠지만 말이다. 하지만 슈퍼마켓의 계산대에서
내가 구입한 물건이 계산되지 않은 채 통과되었을 때 그 물건이 계산되지 않았다고
이야기할 수 있는 덕목은 누구나 가질 수 있는 것이다. 결의와 시간과 노력만 있다면
우리는 정당하지 못한 이득을 거부하는 정의감을 가질 수 있다.

내가 슈퍼마켓의 직원이라고 할 때, 상품이 어디에 있는지
묻는 고객에게 7번열에 있다고 답만 할 수도 있고 그 고객을
이끌고 그 상품이 있는 곳까지 같이 가줄 수도 있다. 이렇게 하
는 것이 강제적이라고 한다면, 예를 들어 그렇게 하지 않았을
때 평가점수를 잃는다면, 이러한 일은 결코 플로가 될 수 없을
것이다. 하지만 그것이 나의 친절이라는 덕목이 발휘되는 일이
라면 플로가 될 수도 있다.

마이클 조던

셀리그먼은 어떤 특성이 덕목인지 아닌지를 구분하는 기준으로 첫째, 그것이 다양
한 시공 속에서 변함없이 늘 나타나야 하며, 둘째, 그것이 수단적 가치가 아니라 목적
적 가치로 간주되어야 하며, 셋째, 그것이 발휘될 때 그것을 보는 사람들을 고양시키
고 고무시킬 수 있어야 한다고 지적하고 있다. 그에 따르면 다양한 문화 속에서 나타
나는 보편적인 여섯 덕목은 지혜, 용기, 어짐, 정의, 절제, 초월이다.

내 속의 무엇이 플로를 일으킬까? 재능과 덕목

덕목은 언제나 나타나며 목적적이고
다른 사람을 고양시키고 고무시킨다.

마디 47. 내게는 어떤 덕목이 있을까?

셀리그먼이 제시하는 덕목 리스트에는 6영역에 24덕목이 있다. 목록이 길기는 하지만 우리는 그 중에서 자신에게 가장 있을 법한 덕목들을 골라낼 수 있다. 아래에 그가 제시한 대표적인 설문들이 있다. 앞의 설문은 긍정적이고 뒤의 설문은 부정적이다. 앞의 설문이 자신에 가깝다고 하면 그 주제가 당신의 덕목일 수 있다. 뒤의 설문이 가깝다면 당신은 그 주제와 관련된 덕목을 향상시킬 필요가 있다.

〈지혜와 지식〉

헬렌 켈러

1. 세계에 대한 호기심이나 관심
1.1 나는 세계에 대하여 언제나 호기심을 갖는다.
1.2 나는 쉬 지루함을 느낀다.

> 자신의 덕목을 확인하는 것은 자신을 아는 일이다.
> 자신이 수월성을 가지고 있는 것, 그것을 하라.

2. 공부하는 것을 좋아하기

2.1 나는 새로운 것을 배울 때 스릴을 느낀다.

2.2 나는 박물관이나 교육적 장소를 방문하기 위해 내 길을 변경하지 않는다.

3. 비판적 사유/열린 마음

3.1 합리성을 제일 기준으로 문제를 처리할 수 있다.

3.2 나는 성급한 판단을 하는 경향이 있다.

4. 새롭게 생각하기/상상력을 발휘하기

4.1 나는 일을 할 새로운 방식을 생각하는 것을 좋아한다.

4.2 대부분의 나의 친구들은 나보다 상상력이 뛰어나다.

5. 환경에 대한 적응/다른 사람의 감정 알기

5.1 어떤 사회적 상황에도 나는 어울릴 수 있다.

5.2 나는 다른 사람들이 느끼는 것을 별로 잘 알아채지 못한다.

6. 거시적 관점/타자의 충고에 대한 개방성

6.1 나는 언제나 사물들을 작은 맥락과 큰 맥락에서 모두 볼 수 있다.

6.2 다른 사람들이 나에게 충고를 청하는 때가 거의 없다.

간디

간디는 폭력이 폭력을 계속 낳을 것이라고 생각했다.
그리고 인도의 독립이 영국의 해방이라고 생각했다.

〈용기〉

7. 강한 반대에 대한 저항/장애로부터 배우기

7.1 나는 자주 강력한 반대를 정면으로 극복한다.

7.2 고통과 실망이 나에게서 좋은 것을 뺏어간다.

8. 초지일관

8.1 나는 내가 시작한 일을 마친다.

8.2 일을 하다 보면 옆으로 빠진다.

9. 약속수행/정직성

9.1 나는 언제나 약속을 지킨다.

9.2 내 친구들은 내가 견실하다고 결코 말하지 않는다.

〈어짐과 사랑〉

10. 친절/관용

10.1 나는 지난달에 이웃을 스스로 도운 적이 있다.

10.2 나는 다른 사람의 행운에 대해 나의 행운에 흥분하듯
이 결코 그렇게 흥분하지 않는다.

마더 테레사

11. 사랑함/사랑받음

11.1 나에게는 나의 기분이나 행복을 자신의 기분이나 행복처럼 생각하고 돌봐주는

마더 테레사는 행려병자들을 도울 수 있다고 생각했다.
그것은 인간 상호간의 무관심에 대한 도전이었다.

사람들이 있다.

11.2 다른 사람으로부터 사랑을 받는 것이 부담스럽다.

〈정의〉

12. 팀워크/충성심

알렉산더

12.1 내가 집단 속에 있을 때에도 최선을 다한다.

12.2 내가 속한 집단의 이익을 위해 나의 이익을 희생하는 일을 주저한다.

13. 공정/평등

13.1 나는 모든 사람들을 그가 누구이든 동등하게 대우한다.

13.2 내가 싫어하는 사람을 공정하게 대하는 것이 나에게는 어렵다.

14. 지도력

14.1 나는 사람들에게 잔소리를 하지 않고도 일을 함께하도록 언제나 할 수 있다.

14.2 나는 집단활동을 계획하는 데에 별로 뛰어나지 않다.

〈절제〉

15. 자기통제

15.1 나는 내 감정을 통제한다.

15.2 나는 거의 다이어트를 하지 못한다.

알렉산더는 수적으로 열세였지만 페르시아의 대군을 제압했다.
그는 누구보다도 앞서 싸웠고 황제라기보다는 전우였다.

16. 분별

16.1 나는 신체적으로 위험한 활동을 피한다.

16.2 나는 사람들과의 관계에서 가끔 나쁜 선택을 한다.

17. 겸손

17.1 다른 사람들이 나를 칭찬하면 나는 주제를 바꾼다.

17.2 나는 종종 나의 업적에 대해 이야기한다.

〈초월〉

18. 아름다움/탁월성에 대한 애착

18.1 나는 지난달에 탁월한 음악, 미술, 드라마, 영화, 스포츠, 과학 혹은 수학 때문에 스릴을 느꼈다.

18.2 나는 작년에 아름다운 것이라곤 아무것도 만들지 않았다.

레오나르도 다 빈치

19. 감사

19.1 나는 사소한 일에 대해서도 고맙다고 말한다.

19.2 나는 거의 내가 받은 축복을 가만히 헤아려보지 않는다.

20. 희망/미래지향

20.1 나는 언제나 사물의 밝은 면을 본다.

20.2 나는 내가 하고자 하는 일에 대한 숙고된 계획을 가지고 있지 않다.

레오나르도 다 빈치는 모나리자를 그리고 간직하였다.

그리고 시대를 앞서가는 많은 착상들 또한 남겼다.

21. 목표/신앙

21.1 나의 삶은 강력한 목표를 가지고 있다.

21.2 나는 삶에서 소명을 느끼지 못한다.

22. 용서/자비

22.1 나는 과거지사를 가지고 왈가왈부하지 않는다.

22.2 나는 언제나 복수하려고 한다.

예수

23. 재미/유머

23.1 나는 언제나 일과 놀이를 섞는다.

23.2 나는 거의 우스갯소리를 않는다.

24. 열정

24.1 나는 내가 하는 모든 일에 몰두한다.

24.2 나는 자주 의기소침하다.

내게는 어떤 덕목이 있을까?

있는 덕목을 확장시키고 없는 덕목을 계발하자!

이에는 이, 눈에는 눈이라는 복수를 극복한 최초의 인간은 예수였다.

그는 자신의 신앙을 전하기 위하여 죽음도 불사하였다.

마디 48.　어떻게 플로를 경험할까?

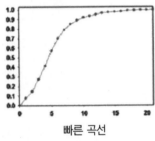

빠른 곡선

　　앞 마디의 목록에서 우리는 자신의 덕성이 어떤 것인지 생각해 보았다. 이제 이러한 후보 덕성들 중에서 어떤 것이 진정한 나의 덕성인지 확인해 보자. 셀리그먼은 어떤 사람이 자신의 덕목을 발휘하게 될 때 다음과 같은 느낌들 중에서 하나나 그 이상을 가진다면 그러한 덕목은 그 사람의 고유한 덕목(signature strength)이라고 말했다.

- '이것이 진짜 나다'라는 자아감
- 그것을 발휘할 때, 특히 처음의 흥분감
- 그것을 처음 연습할 때 빠른 학습곡선
- 덕목을 발휘하는 새로운 방식에 대한 계속적인 학습
- 덕목을 사용할 방법을 찾으려는 갈망감
- 덕목을 사용할 수밖에 없다는 필연감

사람들이 자신의 고유한 덕목을 발휘할 때
그때 사람들은 자신의 진정한 주인인 자유인이 된다.

- 덕목을 사용하고 난 후 소모감이 아닌 고무감
- 덕목과 관련된 개인적인 기획의 수행과 추구
- 덕목을 사용하고 있을 때의 열정과 황홀

직업을 선택하는 시점에 서 있다면 자신의 독특한 덕목을 충분히 발휘할 수 있는 직업을 선택하여 직업생활에서 쉽게 플로를 경험할 수 있다. 이미 직업을 가지고 있다면 직업생활 중에서 자신의 독특한 덕목을 발휘할 수 있는 상황을 만들고 적극적으로 또 자주 사용하게 되면 마찬가지로 쉽게 플로를 경험할 수 있다. 이러한 상황설정이나 덕목사용이 전혀 불가능한 그러한 직업이라면 그 직업에 맞는 새로운 덕목을 개발하거나 아니면 그 직업을 바꾸는 것도 생각해 보아야 한다.

우리가 직업생활을 하는 세 가지 이유가 있다. 그 하나는 보수이고 또 하나는 승진이다. 풍요로운 사회에서 보수는 이미 생계비를 넘어섰지만, 진급은 여전히 제한된 자원이다. 후기 산업사회에서 나이는 직업생활에서 부정적인 요인이기 때문에 많은 사람들이 일찍 직업생활에서 소외된다. 진급에서 탈락되고 직장을 잃는 사람들의 숫자는 날로 증가하고 있다. 그들은 직업생활 중에서 행복을 느끼지 못하고 소외된 후에는 더욱 행복을 느끼지 못한다.

직업생활의 셋째 이유는 천직이다. 이는 직업생활을 하는 이유가 보수나 승진이 아니라 타자에 대한 기여라는 생각이다. 과거에는 이러한 천직으로 간주되는 직종이 특히 사회적 기여가 큰 직종으로 제한되어 있었다. 하지만 오늘날에는 그 기여가 크든 작든 간에 자신의 고유한 재능과 덕목을 발휘하여 타자에게 기여하는 여러 가지 직업생활을 천직으로 이해하게 되었다.

어떻게 플로를 경험할까? 직업생활을 천직으로 전환시킴으로써

보수와 승진이 직업생활의 이유이기는 하다.
하지만 타자에 대한 기여야말로 직업생활의 본질적 이유이다.

마디 49.   직업을 천직으로 변화시키려면?

최근 직업생활에서 상당한 변화들이 있었는데, 그러한 변화들 중에서 세 가지 예를 들어 직업생활을 재정의한 예로 검토할 수 있다.

미용사

〈미용사〉

남의 머리카락을 잘라 주는 일을 하는 미용사는 전통적으로 기계적인 작업자로 간주되었다. 하지만 몇몇 미용사들은 이러한 성격을 인간관계를 강조함으로써 바꾸어 놓았다. 그들은 자신의 삶을 고객들에게 개방함으로써 관계의 경계를 넓혔고 자신들의 고객들에게도 개인적인 질문을 하기 시작하였다. 자신을 개방하지 않는 고객들은 간접적으로 밀어내었다. 이렇게 친밀한 인간적 관계를 더함으로써 미용일을 더 즐거운 일로 만들었다.

〈간호사〉

이윤을 추구하는 오늘날의 병원 체계 내에서 간호사들의 작업은 격식화되고 기계

기계적인 작업에 덕목을 덧붙이면
그 작업은 천직이 되고 고객에 대한 기여가 된다.

적으로 되고 있다. 천직이었던 간호사직이 생계를 위한 직
업으로 전환된 셈이다. 몇몇 간호사들은 이러한 상황에 저
항하여 규정된 절차를 넘어서 환자에 대한 **돌봄**을 시도하
였다. 그들은 환자들을 세밀하게 관찰하고 사소하게 보이
는 일들도 동료들과 공유하였으며, 보호자들에게 환자와
관련된 사항들을 알아내어 이를 회복과정에 이용하고 환자
들의 시기를 복돋우었다.

간호사

〈요리사〉

오늘날 몇몇 요리사들은 단순히 음식을 준비하는 사람
이기를 거부하고 있다. 과거에 요리사란 먹을 것과 먹지
못할 것을 구분하고, 거친 먹을 것을 먹기 쉽게 만드는 사
람 정도에 그쳤다. 하지만 오늘날 요리사는 단순한 기계적
노동자가 아니라 고상한 예술가로 요리작업을 승화시켰

요리사

다. 그들은 요리를 가능한 한 최대로 **아름답게** 만들고, 음식 하나하나가 아니라 식사
전체의 관점에서 요리를 준비한다.

이런 사례들에서 볼 수 있는 것처럼 오늘날 직업인들은 자신들의 직업을 자신들의
덕목을 발휘할 수 있는 상황으로 그 맥락을 **변화시키고**, 이를 통하여 다른 사람에게
더 많이 기여함으로써 자신들의 직업을 재정의하고 그러한 직업생활에서 플로를 느
끼고 있다. 이러한 사례들을 참고한다면 우리가 현재 가지고 있는 직업활동을 어떻
게 변화시켜 자신의 천직으로 만들어 나갈지 생각해 낼 수 있다.

직업을 천직으로 변화시키려면? 기계적 작업에 덕목적 요소를 덧붙여야 한다.

과거의 천직들도 오늘날은 위협을 받고 있다.
현대의 천직들을 만드는 일이야말로 진정한 사회개혁이다.

마디 40.   일에서 어떻게 행복을 찾을까?

마디 41. 일은 저주인가 행복인가?

부분적으로는 저주, 대개는 행복

마디 42. 일을 하면 왜 행복할까?

정체감, 일체감, 기여감, 그리고 통제감을 느끼기 때문에

마디 43. 언제 플로에 빠져들게 되는가?

의미를 발견하고 도전을 감행할 때

마디 44. 플로를 얻기 위하여 무엇을?

목표설정, 중요성 부여, 과제집중, 순간연출

마디 45. 레스트란 무엇인가?

환경자극제한요법

마디 46. 내 속의 무엇이 플로를 일으킬까?

재능과 덕목

마디 47. 내게는 어떤 덕목이 있을까?

있는 덕목을 확장시키고 없는 덕목을 계발하자!

마디 48. 어떻게 플로를 경험할까?

직업생활을 천직으로 전환시킴으로써

마디 49. 직업을 천직으로 변화시키려면?

기계적 작업에 덕목적 요소를 덧붙여야 한다.

노동을 통해서만 우리는 심신의 해방을 얻는다.

노동 없는 삶은 곧 죽음에 이르는 불행이다.

MEMO

인간은 다른 존재와 더불어서만 행복하다.
혼자서는 인간도 아니 되고 행복할 수도 없다.

 **어떤 접촉이 우리를 행복하게 할까?**

아리스토텔레스는 인간이 사회적 동물이라고 지적했다. 이것은 인간이 살아남기 위해서는 사회 속에서 살 수밖에 없다는 의미 이상의 의미를 가진다. 인간은 인간 속에서만 인간으로서 성장한다. 늑대 사이에서 자란 아이는 늑대와 같이 되지 인간과 같이 되지 않는다. 어떤 인간이 되느냐 하는 것은 어떤 인간들 속에서 자라느냐와 큰 상관이 있다.

인간이 사회적 동물이라는 표현은 인간이 다른 인간과 더불어서만 행복할 수 있다는 사실을 또한 지적하고 있다. 인간은 고독 속에서도 행복할 수 있지만, 궁극적으로 인간은 다른 존재 즉 사람이나 동물이나 자연이나 절대자와 더불어서만 행복할 수 있는 존재이다. 이런 존재들과의 접촉이 우리를 어떻게 행복하게 하는지 알아보자.

친구와 동물과 자연과 절대자
인간은 이들과 동반함으로써만 행복하다.

마디 51.   우정이 어떻게 우리를 행복하게 하는가?

우정과 애정은 같고도 다르다. 그것들이 밀접한 인간적 관계라는 점에서는 같다. 하지만 애정은 생존과 생활과 생식을 목표로 하고 있는 반면, 우정은 애정이라는 지원군을 두고서 그러한 목표 없이 오직 즐거움만을 목표로 하고 있는 여가활동이다. 또 애정은 그러한 목표의 달성을 위해 상대방을 변화시키려는 노력이 언제나 있지만, 우정은 상대방의 현재 그 자체를 존중하며, 상대방을 변화시키려는 압력이 없다.

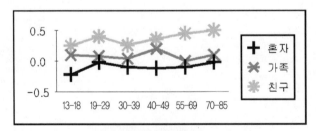

연령별 상황별 행복점수

우정의 이러한 특징은 어린아이들의 놀이에서 가장 뚜렷이 나타난다. 놀이친구들은 엄마가 밥 먹으로고 부를 때까지 대개는 즐거움 그 자체이다. 하지만 이러한 놀이

애정은 수단적이고 목적적인 행위이지만
우정은 순수하게 목적적인 행위이다.

친구관계가 어린아이들에게만 있는 것은 아니다. 사춘기에도, 청년기나 장년기에도 존재하며, 심지어는 노년기에 들어서면 더욱 커진다. 조사연구는 전 생애에 걸쳐 사람들이 친구와 있을 때 가장 즐겁다는 통계를 보여주고 있다.

진화론적으로 보면 우정은 즐거움만을 목적으로 하고 있지 않다. 즐거움은 오히려 친구들간의 유대를 강화시키는 보상이다. 가족이나 친족 단위로 극복할 수 없는 외적 장애를 극복하기 위하여 뭉쳐야 했던 시절에 지역민들의 유대는 생존의 방편이었다. 그래서 친구관계는 그 자체로 선이었고 두자힐 민힌 대상이었다. 오늘날에도 사교생활은 사회생활의 방편이기도 하다. 골프장에 나오는 많은 사람들은 사업상의 교분을 위해 그곳에 나온다. 하지만 평상적인 인간의 삶에서 우정은 그러한 이익을 목적으로 하지 않는 순수한 인간관계이다.

우정

사회가 복잡해지면서 자신이 선택할 수 없는 지역적이고 직업적인 친구들과 아울러 자신이 선택할 수 있는 관심을 같이하는 친구들도 생겨났다. 하지만 어떤 연유로 친구가 되었느냐는 별로 중요한 문제가 아니다. 걱정거리가 있을 때 새벽 4시에 전화할 수 있기만 하면 된다.

우정은 서로를 이해하고 존중하며, 걱정하고 격려하는, 비애정적인 인간관계로서 행복의 원천이다. "지난 6개월 동안 중요한 일을 함께 논의한 친구가 누구인가?"라는 질문에 친구의 이름을 들지 못한 사람들보다 이름을 댄 사람들이 매우 행복하다는 반응을 60%나 더 보였다. 고대 그리스의 쾌락주의 철학자 에피쿠로스는 이런 까닭으로 행복한 삶에 이르는 지름길이 우정이라고 지적하였다.

우정이 어떻게 우리를 행복하게 하는가?
이해하고 존중하며 걱정하고 격려함으로써

우정은 미안하다고 말하지 않는 것이며
그런 까닭으로 행복에 이르는 최선의 길이다.

마디 52. 누가 진정한 친구인가?

도편추방

고대사회에서 최고의 형벌은 물론 우리 사회에서 처럼 사형이었지만, 둘째의 형벌은 추방이었다. 로마사람들은 '죽었다' 라는 뜻을 '사람들 사이에 있지 않다' 라는 말로 표현하였다. 사회적 존재인 인간에게 혼자라는 것, 고독하다는 것은 곧 죽음과 같은 것이었다. 이러한 고독의 저주는 지구상에 65억의 사람들이 북적대는 오늘날에도 인간에게는 여전하다.

왜 인간은 특별히 할 일이 없는 그러한 상황에서 혼자 있는 상황을 참아내지 못할까? 우리의 의식이 방향을 가지기 위해서는 외적인 목표, 자극, 피드백이 필요하다. 할 일 없이 혼자 있다는 것은 이러한 외적 환경이 결여된 상태이고, 이런 상태에서 의식은 특정한 지향을 상실한다.

이렇게 특정한 지향을 상실하게 되면 온갖 잡생각이 다 떠오르게 되거나 지루함을 느끼게 된다. 이렇게 떠오르는 대부분의 잡생각은 기분을 상하게 하는 것이다. 부정

의식의 제대로 된 지향점이 없을 때
의식은 이리저리 헤매고 그릇된 길을 가게 된다.

적인 경험을 기억하고 예측하는 것이 미래의 실수를 회피할 수 있도록 해주기 때문에 우리의 의식은 이런 것을 머리에 자동적으로 떠오르게 한다. 이러한 잡생각까지도 억압하여 의식을 비워두면 우리는 지루함을 느낀다.

이러한 잡생각이나 지루함에 대한 대응은 의식을 지향시킬 새로운 일을 주목하는 것인데, 이때의 새로운 일은 대개는 쉽고 달콤한 일이다. 동양의 고전인 『대학』에 "소인한서위불선무 소부지(小人閒居爲不善無所不至)"라는 말이 있다. "사람이 혼자 있게 되면 온갖 선하지 못한 일을 한다"라는 뜻인데, 여기서 온갖 선하지 못한 일이 바로 이러한 쉽고 달콤한 일들이다.

오늘날 이러한 상황에 대한 가장 대표적인 처방은 텔레비전을 보는 것이다. 텔레비전을 보면 적어도 혼자라고 느끼지는 않게 되고 잡생각이 의식에 들어올 여지를 봉쇄하고 지루함을 털어버릴 수 있다. 이러한 상황에 대한 전통적인 처방은 술 마시기, 남 괴롭히

도박

기, 바람피기, 도박하기 등이었다. 오늘날에는 마약, 폭력, 강간, 포르노 등으로 나타난다. 온갖 선하지 못한 일들은 바로 이런 것들이다.

사실 친구가 있다는 것이 인간을 늘 행복하게 하는 것은 아니다. 온갖 선하지 못한 일을 같이하는 친구가 있다는 것은 텔레비전을 같이 보는 것이나 다를 바 없다. 그러한 관계는 비록 우정처럼 보이기는 하지만, 생산적이지 못한 소모적인 우정에 불과하다. 친구를 행복하게 해줄 수 있는 친구란 잡생각을 쫓거나 지루함을 덜어내기 위해서 쉽고 달콤한 자극을 같이하는 친구가 아니라, 능력을 요하는 공통의 관심사에 같이 도전할 수 있는 친구이다. 이러한 도전 중에 서로에 대해 자신을 더 잘 드러내고 더 잘 이해하게 된다.

누가 진정한 친구인가? 공통의 관심사에 같이 도전하는 친구

쉽고 달콤한 자극을 같이하는 친구와
능력을 요하는 공통의 관심사에 같이 도전하는 친구는 다르다.

마디 53. 친구가 어떻게 우리를 행복하게 하는가?

그림 그리기

플로를 중심으로 이야기하자면, 친교생활이나 직업생활은 같기도 하고 다르기도 하다. 다 같이 도전에 대하여 적절한 기술로 대응하며 피드백을 받아들이지만, 직업생활에서의 도전에 대한 응전기술이 주로 도구적(instrumental)이라면, 친교생활에서의 도전에 대한 응전은 주로 표현적(expressive)이다. 직업으로 목공일을 할 수도 있고 취미로 목공일을 할 수도 있다. 하지만 직업으로 하는 목공일은 과제를 수행하는 수단으로서의 일이며, 취미로 하는 목공일은 자신의 생각이나 느낌을 표현하는 일이다.

친구와의 관계를 다른 관계들과 구분하여 주는 요소가 바로 이러한 **자기표현**이다. 친구들과의 도전은 대개 이러한 자기표현적 과제에 대한 도전이며, 이러한 도전을 함께하면서 자신을 드러내고 자신의 가능성을 확장시키며 상대방에 대하여 더 잘 이해하고 서로를 격려하는 선순환을 갖게 된다. 이러한 의미로 우리는 어떤 누구보다도, 그래서 심지어는 배우자나 가족보다도 친구와 함께할 때, 가장 실제적인 자아에

친구와 함께하는 도전은 주로 표현적이다.

이는 동료와 함께하는 도구적 도전과 다르다.

접근하게 된다.

우리가 이렇게 실제적인 자아에 접근할 수 있는 까닭은 친구와 더불어 있을 때에는 자신의 자아를 숨기지 않아도 되기 때문이다. 친구간에는 많은 것을 공유하고 용인하기 때문에, 애정을 잃을까 두려워하지 않고도 자신을 자유롭게 드러낼 수 있다. 좋아하고 싫어하는 것들, 자랑스럽고 수치스러운 순간들, 걱정들과 희망들, 기쁨들과 슬픔들, 친구와는 이런 것들을 공유하고 또 이해한다.

인간의 삶은 수많은 제약으로 이루어져 있다. 우리는 본능에 따르기만 하면 되는 동물이 아니기 때문에 인간으로서 살아가려면 많은 제약을 수용해야만 한다. 이러한 제약을 수용하는 데에 우리는 많은 심적인 에너지를 소모하고 있다. 이러한 제약 때문에 우리는 우리가 진정으로 원하는 것을 할 가능성에서도 제약을 받고 있다. 우정은 이러한 제약에 대하여 예외로 작용한다. 우리는 우정 속에서 제약으로부터 더 자유로워지고, 이러한 자유로부터 자신이나 외부에 대한 새로운 견해 즉 창의성도 얻을 수 있다.

『회남자』

중국의 고전인 『회남자』 중에 "내 물건을 헐뜯는 이는 나와 거래를 하고자 하는 자이고, 내 인격을 헐뜯는 이는 나와 사귀고자 하는 자이다"라는 구절이 있다. 어떤 사람이 그 사람의 공적인 모습만을 찬양하고, 그의 꿈이나 욕망에 대하여 비판하지 않으며, 그로 하여금 새로운 삶의 방식을 시도하도록 격려하지 않는 그러한 사람들을 친구로 가지고 있다면 그는 결코 자기의 실제적인 자아를 발견할 수 없을 것이며, 또 새로운 자아를 빚어낼 수도 없을 것이다.

친구와의 관계가 어떻게 우리를 행복하게 하는가?
자신을 표현하고, 발견하고, 창조하게 함으로써

인간은 자신을 숨기는 데에 상당한 에너지를 소비한다.
자신을 드러내고 자신을 새롭게 만드는 기회는 벗과 함께 온다.

〈친구에 대한 이야기들〉

친구와 적은 있어야 한다. 친구는 충고를, 적은 경고를 해준다. – 소크라테스

친구란 두 신체에 깃든 하나의 영혼이다. – 아리스토텔레스

친구는 나의 기쁨을 배로 하고, 슬픔을 반으로 한다. – 키케로

친구의 작은 허물을 책하지 말고, 친구의 비밀을 드러내지 말며, 친구의 지난날 잘못을 생각하지 말라. 이 세 가지를 지키면 진정한 친구를 사귈 수 있다. –『채근담』

친구의 본래 임무는 당신의 형편이 나쁠 때 당신을 편들어 주는 것이다. 당신이 옳은 곳에 있을 때는 거의 누구나 당신을 편들 것이다. – 마크 트웨인

친구란 내 부름에 대한 메아리이다. 좋은 친구를 만나고 싶거든 내가 먼저 좋은 친구가 되어야 한다. 사람은 끼리끼리 어울리는 법이다. 그리고 친구의 영향은 알듯 모를듯 젖어든다. 마치 안개 속에서 모르는 사이에 옷이 젖듯이. – 법정(法頂)

친구가 없는 사람은 행복할 수 없다. 또한 자신이 불행한 처지에 빠지기 전까지는 친구의 진가를 확실히 알 수 없는 것이다. – 토마스 풀러

채권자도 채무자도 되지 말라. 빚은 종종 그 자체를 잃을 뿐 아니라 친구를 잃는 수가 있느니라. – 셰익스피어

참된 친구란 줄 수 없는 것을 주고 할 수 없는 일을 해주며, 비밀을 이야기하고, 들은 비밀을 남에게 발설하지 않으며, 괴로움을 당했을 때에도 버리지 않고, 가난하고 천해졌다 해도 경멸하지 않는, 이 같은 덕을 갖춘 사람이다. -『사분율』

코끼리가 들어갈 만한 집을 가지고 있지 않다면 코끼리몰이와 친구가 될 수 없다. - 수피 명언

현명한 친구는 보물처럼 다루어라. 인생에서 만나는 많은 사람들의 호의보다 한 사람의 친구로부터 받는 이해심이 더욱 유익하다. - 그라시안

한 사람의 진실한 친구는 천 명의 적이 우리를 불행하게 만드는 그 힘 이상으로 우리를 행복하게 만든다. - 에센 바흐

참다운 벗은 좋은 때는 초대해야만 나타나고 어려울 때는 부르지 않아도 나타난다. - 보나르

진실된 우정이란 느리게 자라나는 나무와 같다. - 조지 워싱턴

가장 좋은 거울은 오랜 친구이다. - 하버드

친구 사이의 우정을 두텁게 하지 않고 아무렇게나 지내는 것은 예쁜 꽃에 물을 주지 않고 시들게 내버려두는 것과 다름이 없다. 물을 주고 김을 매며 꽃을 가꾸듯 아름다운 우정을 쌓아 올리는 것이 현명하다. - 새뮤엘 존슨

마디 54. 반려동물이 어떻게 우리를 행복하게 하는가?

반려동물

사람들이 반려동물 즉 애완동물과 함께하는 자연적인 이유는 동물들이 다른 종의 동물을 돌보는 것과 같은 이유라고 볼 수 있다. 성숙한 암말이 어린 염소를 돌본다든지, 어미 개가 버려진 고양이를 자기 새끼 사이에서 지내도록 둔다든지, 새끼를 돌보는 곰이 길 잃은 개도 같이 돌본다든지 하는 일들이 자연계에는 얼마든지 있다.

우리는 이러한 일들이 모성본능에 의해 일어난다는 것을 알고 있다. 자신이 돌보지 않으면 어려움에 처할 수밖에 없는 존재들에 대하여 동정심을 가지고 그들을 돌보는 본능이 자신의 유전자를 가진 자신의 자손뿐만 아니라 다른 존재들까지 돌보게 한다. 대지의 여신이 어머니로 상징되는 것도 대지가 모든 것을 살리고 키우기 때문이다.

수컷들은 모성본능이 없음에도 불구하고 어떻게 비슷한 방식으로 행동하게 되었을까? 독점적인 성생활을 하는 것이 아니라 공유적인 성생활을 하는 무리에 속하는

반려동물은 우리의 모성본능을 발휘하게 함으로써
우리를 오히려 행복하게 만든다.

수컷의 경우에는 어느 어린 것이 자신의 유전자를 가진 것인지 알 수가 없기 때문에 모든 어린 것들을 돌볼 수밖에 없다. 그래서 아주 강하지는 않지만 남성에게도 모성본능과 비슷한 **부성본능**이 존재한다.

하지만 여성과 달리 남성이 반려동물에 집착하는 더 큰 이유는 사실 반려동물이 변함없는 친구와 비슷하기 때문이다. 미국의 소설가 마크 트웨인은 "굶주리는 개를 잘 먹여 놓으면 그 개는 너를 물지 않는다. 그것이 인간과 개의 차이점이다"라고 인간의 삶을 비꼬았는데, 이런 의미로 반려동물은 변함없는 친구와 같이 무조건적인 사랑을 보여준다.

반려동물은 나에게 의존함으로써 내가 자신을 힘있는 존재로 느끼도록 만들며, 나와 특별한 관계를 계속 유지함으로써 내가 자신을 특별한 존재로 느끼도록 만든다. 오직 목적적인 순수한 놀이도 반려동물과 더불어 가능하며, 비록 독백이라고는 하지만, 뒤집어 말하자면, 말없이 나의 이야기를 끝까지 들어주는 친구가 될 수도 있다. 또 우리를 계속 움직이게 함으로써 우리의 동물적 본성이 충족되도록 유도한다.

반려동물은 인간의 모성적 본능을 충족시켜 주고, 친구와 비슷한 방식으로 우리를 행복하게 한다. 특히 이러한 반려동물이 주는 행복감은 건강에 유익하다. 반려동물은 혈압과 콜레스테롤을 낮추어주며, 긴장감을 덜어준다. 오늘날 심리치료에 반려동물이 적극적으로 활용되고 있는데, 이는 반려동물과의 상호작용이 마크 트웨인이 말한 것처럼 인간과의 상호작용보다 더 행복한 것이기 때문이다.

인간과 개

반려동물이 어떻게 우리를 행복하게 하는가?
모성본능과 변함없는 우정을 통하여

반려동물은 변함없는 친구처럼
우리를 특별하게 만듦으로써 우리를 행복하게 한다.

마디 55. 자연 속에서 우리는 왜
행복을 느끼는가?

숲과 연못

우리는 사람이 아닌 자연과 함께할 때도 행복을 느낀다. 깊은 산 울창한 나무들에 둘러싸였을 때, 파도가 밀려오는 바닷가에 앉았을 때, 밤하늘에 총총한 별들을 바라보았을 때도 우리는 마음의 평안함과 더불어 행복을 느낀다. 이러한 행복은 같이 있어 행복한 것이면서도 또한 무엇인가 다른 행복이다.

진화론적으로 보면 우리가 인공물에서 느끼지 못하는 행복을 자연물에서 느끼는 것은 타당한 이유가 있다. 직장을 옮긴다는 사실은 우리를 긴장되게도 하고 흥분되게도 하는데, 긴장되는 이유는 익숙한 상황, 즉 익숙한 동료, 익숙한 사무실, 익숙한 업무로부터 분리되기 때문이고, 흥분되는 이유는 새로운 상황, 즉 새로운 동료, 새로운 사무실, 새로운 업무로부터 도전을 받기 때문이다.

최소한 수만 년의 진화의 역사에서 인공물로 둘러싸인 것은 극히 최근의 일이다. 자연물은 진화의 과정을 통해서 우리에게 익숙한 상황이며, 인공물은 우리에게 낯선 상황

자연물은 우리 유전자에게는 수만 년의 익숙함을 가진다.
인공물은 결코 이와 비교될 수 없다.

이다. 물론 일상적으로 우리는 인공물에 익숙해 있다. 하지만 우리의 본능은 자연을 만났을 때 수만 년의 익숙함을 느끼는 반면 인공물에는 충분한 적응기간을 가지지 못했기 때문에 낯섦을 느낀다. 이것이 우리가 자연에서 행복을 느끼는 이유이다.

이런 까닭으로 인공물 속에서 태어나고 인공물 속에서 자라난 아이들도 낯선 자연환경에 매료된다. 그들은 그들의 선조들의 고향에 와 있는 셈이다. 어른들이 자신의 고향 마을에서 느끼는 익숙함과 편안함을 그들은 그들에게 낯선 자연에서 느낀다. 아이들이 꽃과 동물을 사랑하는 이유는 그것이 그들의 선조들의 환경이었기 때문이다. 어른들이 산과 바다를 즐기는 이유 또한 그것이 그들의 선조들의 환경이었기 때문이다.

이러한 점은 사냥과 관련한 우리의 경험에서도 확인할 수 있다. 생필품을 판매하는 가게에 가서 장을 볼 때 우리는 알게 모르게 행복을 느끼는데, 이것은 물론 그 생필품이 가져올 욕망의 충족에 대한 기대감 때문이기도 하지만, 수만 년 동안의 사냥이나 채취의 경험과 일치하기 때문이기도 하다. 실제로 장을 볼 필요가 없을 때에도 장을 보러 가려는 욕구가 생기는 것은 쇼핑중독증 때문이라기보다 진화된 본능에 익숙한 행동과 상황을 우리가 원하기 때문이다.

아파트

사실 현대인의 근본적인 불행 중의 하나는 현대의 환경이 우리가 적응할 충분한 시간을 가지지 못한 환경이라는 사실이다. 이러한 환경은 적응하기도 전에 또 새로운 환경으로 그 모습을 바꾼다. 이런 까닭으로 현대인의 삶은 긴장과 흥분으로 가득 찰 수밖에 없다. 자연에서 우리가 평안과 안정을 느끼는 것은 존재론적으로 우리의 현실이 이처럼 긴장과 흥분으로 만연되어 있기 때문이다.

자연 속에서 우리는 왜 행복을 느끼는가? 진화과정 중에 익숙해진 환경이기에

쇼핑은 수렵채취의 현대적 모습이다.
긴장과 흥분의 인공물은 평안과 안정의 자연물과 대립된다.

마디 56. 운동을 하면 우리는 왜 행복해지는가?

자연이 인간의 오랜 진화과정의 동반자여서 우리의 본능적 친구인 것과 같이, 운동도 인간의 오랜 진화과정의 동반자여서 우리의 본능적 동료이다. 다만 자연이 친숙한 환경이었다면 운동은 친숙한 **활동**이라는 점에서만 다르다. 인공적 환경은 인간이 그 속에서 최소한의 활동을 하도록 설계되어 있다. 인공적 환경이 낯설 듯이 운동의 결여 또한 인간에게는 낯선 상황이다.

달리기

이러한 낯섦과 익숙함은 오늘날 운동선수들이 느끼는 생리적 변화에서 확인할 수 있다. 달리기를 즐기는 사람들이 30분 이상 지속적으로 달리게 되면 러너스 하이(runner's high)라는 도취감을 경험하게 되는데, 이는 마리화나를 피울 때의 쾌감과 거의 같은 수준이라고 한다. 이는 달리기라는 익숙한 활동에 대하여 우리 두뇌가 베타 엔도르핀이라는 화학물질을 분비하기 때문이다.

물론 일이 이렇게 되는 것은 우리 몸이 오랜 진화의 결과로서 갖추게 된 자기보상적

운동은 우리 유전자에게는 수만 년의 익숙함을 가지고,
자기보상적인 시스템을 작동시킨다.

인 시스템이 작동하고 있기 때문이다. 우리 몸은 우리가 살아남기에 적합한 행위를 할 경우 그러한 행위에 보상을 함으로써 우리가 그러한 행위를 계속하도록 유도한다. 성행위를 할 때 옥시토신이 분비되어 우리를 행복하게 하는 것도 바로 이러한 자기보상적인 시스템이 작동하기 때문이다.

성행위가 종족의 보존에 필수적이듯이, 사냥이나 채취는 개체의 보존에 필수적이었다. 그러므로 우리 몸은 사냥이나 채취라는 힘든 노동을 견디어내고 그러한 인내 속에서 행복을 느끼도록 진화되었다. 운동을 한다는 것이 육체적 피로를 의미하면서도 상쾌한 기분과 연관되어 있는 까닭은 원시인류에게서 운동은 생존에 필수적인 그리고 그러한 만큼 긍정적인 행위였기 때문이다.

기술의 발명은 이러한 운동의 수고를 더는 것을 목표로 하고 있다. 훌륭한 도시계획은 가정과 직장 사이의 거리를 가장 짧게 만드는 것이고 훌륭한 부엌설계는 주부의 동선을 가장 짧게 만드는 것이다. 자동차는 우리의 발의 수고를 덜어주고 워드프로세서는 우리의 손의 수고를 덜어준다. 계단 대신에 에

에스컬레이터

스컬레이터나 엘리베이터를 이용하고, 지게 대신에 지게차를 사용한다. 이런 기술품들은 우리의 수고를 덜어주지만 동시에 우리의 행복도 덜어버린다.

인공의 구조물에 둘러싸인 현대인들의 본능이 자연을 그리워하듯이, 운동의 수고를 빼앗겨 버린 현대인들의 신체는 운동을 그리워한다. 운동은 이처럼 우리의 행복의 중요한 한 원천이기 때문에 이를 포기하는 것은 행복의 중요한 원천을 하나 잃는 것이다.

운동을 하면 우리는 왜 행복해지는가? 삶에 보탬이 되는 긍정적 행위이기에

운동은 피로와 상쾌를 동반하지만
기술은 수고와 행복을 덜어버린다.

마디 57. 우리보다 큰 것에서 느끼는 것은?

폭포

사람이 자기보다 훨씬 큰 것을 만났을 때 느끼는 감정은 두려움이다. 도저히 오를 수 없을 것 같은 바위를 올려다볼 때, 상상할 수 없는 큰소리를 내며 떨어지는 거대한 폭포를 마주할 때, 우리는 그러한 것들이 우리의 신체적 크기나 능력과 비교하여 너무도 큰 것이며, 자신으로서는 어쩔 수 없는 강력한 힘들이라는 것을 안다. 이럴 때 우리가 느끼는 것은 두려움이다.

하지만 이는 두려움에서 끝나지 않는다. 그것들의 거대함에 비교할 때 자신은 너무나 왜소하기 때문에, 왜소한 자신은 있지만 없는 것과 다름없는 것이 되고 만다. 이러한 왜소한 존재가 무한한 존재에 대해서 가지는 감정은 두려움과 더불어 존경심이다. 두려움과 존경심을 합쳐 외경(畏敬)이라고 한다.

그러므로 사실 인간이 자연에서 느끼는 감정은 진화과정에서 적응한 익숙함과 편안함이기도 하지만, 다른 한편으로 위대한 자연 앞에서 느끼는 두려움과 존경심이기

위대한 것은 자연물이든 인공물이든 두려움과 존경심을 일으킨다.
기념비적 건축물은 바로 이러한 점을 의도하고 있다.

도 하다. 하지만 자신보다 큰 것이 반드시 자연만은 아니다. 인공물도 자연물에 못 미친다고 해도 인간적인 크기를 초월하는 경우가 많다. 이집트의 피라미드가 그렇고 중국의 자금성이 그렇다. 과거의 제왕들은 인간들의 두려움과 존경심을 자아내기 위하여 거대한 건축물을 축조했다.

하지만 위대한 것이 반드시 인간 바깥에 있을 필요는 없다. 인간 안에 있는 것들 중에서도 인간은 위대한 것을 발견할 수 있다. 일반적인 인간에게는 결코 있을 수 없는 그러한 마음을 어떤 특정한 개인에게서 발견하였을 때 우리는 그러한 인간 내면의 위대성을 파악할 수 있고, 그러할 때 인간 외면의 위대성에 대해서와 마찬가지로 외경의 마음을 갖는다. 마하트마 간디와 마더 테레사의 위대성은 이러한 인간 내면의 위대성이다.

이러한 내외적인 위대성 때문에 왜소해지는 인간은 두려움과 존경심과 아울러 행복감을 느끼기도 한다. 왜냐하면 자신의 존재가 무(無)에 가까워지면서 인간은 비로소 다른 존재와의 연결성을 느끼기 시작하고, 이러한 연결 속에서 다른 존재와의 갈등이 해소되기 때문이다. 이제 자연은 내가 아닌 어떤 것이 아니다. 자연과 나는 나누어질 수 없는 커다란 하나이다. 나는 더 이상 여기 지금이 아니다. 나는 곧 우리이다.

불교에서는 세속적인 지혜를 존재들을 나누어서 이해하는 분석지로, 본질적인 지혜를 존재들을 아울러서 이해하는 반야지로 구분하는데, 우리가 자신보다 큰 것에서 느끼는 감정은 나누어지는 것이 아니라 연결되었다는 것이다. 종교(religion)의 어원은 '연결하다' 라는 뜻을 가지는 라틴어 'religio'에서 비롯되었는데, 이 말은 자신을 왜소하게 느끼고 더 큰 존재와의 일치를 지향하는 것이 종교생활의 본질임을 잘 보여주고 있다.

우리보다 큰 것에서 느끼는 것은? 두려움, 존경심, 행복감

외적인 위대함과 함께 내적인 위대함도 두려움과 존경심을 일으킨다.
외경은 행복감과 함께 오는데 이는 연결성에 기인한다.

마디 58. 구토는 왜 일어나는가?

구토

물론 생리적으로 구토는 위의 거부반응이다. 하지만 우리는 구토를 생리적으로 뿐만 아니라 심리적으로도 수행한다. 예를 들어, 잔인한 살인현장을 목격한 사람들은 그 목격 이전에는 정상적이었던 위를 가지고서도 구토를 시작한다. 이런 의미에서 구토는 몸이 거부하는 것이자 또한 동시에 마음이 거부하는 것이다.

진화론적으로 보면 처음에 구토는 신체적 안녕을 지키기 위해 고안되었다. 고인류가 채식만을 하였을 때는 어떤 것이 먹을 수 있는 것이고 또 먹을 수 없는 것인지가 비교적 명백하였다. 이러저러한 풀이나 버섯이나 열매는 독이 들어 있으니 먹어서는 아니 된다는 지식을 깨우치고 배울 수 있었다. 하지만 동물성 음식을 먹게 되었을 때는 이러한 방식을 채택할 수 없었다. 같은 먹거리라도 부패 여부에 따라서 심각한 독이 될 수 있었기 때문이다.

부패된 음식은 아예 먹지 말아야 하고 혹 실수로 먹었다고 해도 바로 토해내야만 했

구토는 원래 생명의 보호를 위하여 고안된 장치이다.
욕지기는 예방적인 구토이다.

다. 그래서 우리는 특히 부패된 고기에 대하여 욕지기를 느낀다. 쥐가 고기 근처를 서성이거나 구더기가 들끓거나 바퀴벌레가 돌아다닌다면 그 음식은 썩은 것이지만 그 이전에 우리는 그러한 광경만으로도 욕지기를 느낀다. 이러한 구토증은 우리가 그것을 먹었기 때문에 나오는 구토증이 아니라 그것을 먹지 않도록 예방하는 구토증이다.

이러한 구토증은 진화의 과정에서 신체적 안녕에서 윤리적 안녕으로 확장되었다. 아랍인들과 유대인들은 돼지고기를 먹지 않는다. 그들이 그것을 모르고 입에 넣었다고 해도 그것이 돼지고기인 것을 아는 순간 구역질을 한다. 그것이 신체적으로 해롭기 때문이 아니라 윤리적으로 해롭기 때문이다. 이러한 구역질은 성적인 광경에서도 일어날 수 있다. 윤리적으로

이슬람교도

용납되지 않는 성적 광경을 목격한 사람이 느끼는 구역질도 그러한 것이다.

돼지고기의 예에서 볼 수 있는 것처럼 이러한 구토는 종교적 신념과 연결되어 있다. 종교적 신념은 자신을 초월하여 존재하는 전체와의 연결성을 통하여 인간에게 행복감을 부여한다. 이러한 행복을 방해하는 요소들에 대하여 종교적 신념은 구토증을 유발시키는데, 이것은 썩은 고기를 피하도록 생리적 직관이 구토증을 유발시키는 것처럼, 그 일을 하기도 전에 그 일과 관련된 광경만으로 구토증을 일으킨다.

이런 의미로 우리는 우리의 문화나 종교가 성스럽지 못한 일들로 금하고 있는 일들과 접촉하면 구토증을 느끼며, 성스러운 일들로 권하고 있는 일들과 접촉하면 거룩함을 느낀다. 물론 이러한 거룩함은 앞 마디에서 본 위대함과 그에 따르는 행복감과 연결되어 있다. 다른 사람을 잘 대하는 사람을 보면 우리는 행복해지고, 다른 사람을 위해하는 자를 보면 구역질을 느낀다. 도살장을 관광하고도 고기를 맛있게 먹기는 어려울 것이다.

구토는 왜 일어나는가? 신체적, 정신적인 안녕을 위하여

생리적 오염물질과의 접촉이 구토를 일으키듯이,
윤리적 오염물질과의 접촉도 구토를 일으킨다.

마디 59. 신앙은 행복의 최고의 원천인가?

우리가 다른 존재와 관계함으로써 행복을 느끼는 영역을 셋으로 나누어 생각할 수 있다. 하나는 가족과 친구와 같은 수평적 영역이다. 나와 비슷한 다른 존재와 더 밀접한 관계를 가짐으로써 우리는 행복해진다. 다른 하나는 사회적 서열과 같은 수직적 영역이다. 나와 비슷한 다른 존재보다 우위에 섬으로써 우리는 행복해진다. 마지막 하나는 절대자처럼 나보다 훨씬 큰 존재와의 관계인데, 이 존재와 연결되고 가까워질 때 행복을 느끼고 이 존재로부터 떨어져 나가고 멀어질 때 불행을 느낀다. 역사적으로 보면 인류는 둘째 영역과 셋째 영역에서의 행복감을 탈색시켜 왔다.

개인주의와 민주주의라는 정치 이데올로기를 채택함으로써 우리는 수직적 영역에서의 행복이 인간적인 것이 아니라고 주장해 왔다. 사실 이러한 주장의 선구는 큰 사람이 되기 위해서는 낮은 사람이 되라고 가르친 예수라고 할 수 있다. 둘째 영역에서의 행복은 소수의 사람들만이 행복을 느끼고 그에 반해 다수의 사람들이 불행을 느끼는 경우이기 때문에 사

절대군주

개인주의와 민주주의는 사회적 우위에서 오는 행복을 거부한다.
그리고 이는 오늘날 보편적 신념이 되었다.

회 전체의 행복이라는 점에서 보면 부정적으로 볼 수밖에 없는 행복이다.

다행스럽게도 인류는 이 영역에서의 문제점을 지속적으로 개선해 왔으며 적어도 명분상으로 우리는 더 이상 이러한 수직적 행복을 긍정적으로 평가하지 않는다. 하지만 사회조직이 있는 한 이러한 측면을 완전히 제거하는 것은 불가능해 보인다.

셋째 영역에서의 행복은 과학기술의 발달과 더불어 퇴색해 왔다. 주관에 초점을 맞추는 것이 아니라 객관에 초점을 맞추는 과학기술은 주관적 경험을 환상으로 치부하여 왔는데, 무신론자들은 이런 까닭으로 종교적 행복을 약물에 의한 도취와 구분하지 않았다. 인격신을 신앙의 대상으로 삼느냐 마느냐와 상관없이 유신론자들은 이러한 행복이 인간이 누릴 수 있는 최고의 행복이라고 주장해 왔다.

신앙

둘째 영역에서와 달리 셋째 영역에서는 일반적인 합의가 없다. 첨예한 대립이 지금도 유지되고 있다. 하지만 과학기술에서도 셋째 영역에서의 행복에 대한 이해가 확장되고 있다. 특정한 신의 이름을 부르지 않더라도 인간이 종교라는 말의 어원처럼 더 큰 존재와의 일치감이나 그 존재가 원한다고 생각되는 행위 즉 구역질 나는 행위와 반대되는 행위를 할 때 행복을 느낀다는 사실은 확인되고 있다.

사실 이런 의미에서 **종교와 행복**은 같은 특성을 가지고 있다. 그것은 우리 마음속의 사건이다. 외부세계와 관계 속에서 우리 마음이 지어지지만, 마음은 외부세계의 객관적 상황과 상당히 독립적으로 지어질 수 있다. 하지만 이러한 마음은 그 나름대로의 논리를 가지는 특수한 체험과 관련이 있다. 행복과 관련하여 75%의 사람들이 그러한 체험에 동의한다면 신앙과 관련해서는 50%의 사람들이 동의한다는 정도의 차이는 있다고 해도 그렇다.

신앙은 행복의 최고의 원천인가? 많은 사람들에게 그렇다.

절대자와의 연결에서 오는 행복에는 일치된 의견이 없다.
종교적 행복에 대해서는 행복 일반보다도 좁은 의견수렴이 있다.

마디 50. 어떤 접촉이 우리를 행복하게 할까?

마디 51. 우정이 어떻게 우리를 행복하게 하는가?

이해하고 존중하며 걱정하고 격려함으로써

마디 52. 누가 진정한 친구인가?

공통의 관심사에 같이 도전하는 친구

마디 53. 친구가 어떻게 우리를 행복하게 하는가?

자신을 표현하고, 발견하고, 창조하게 함으로써

마디 54. 반려동물이 어떻게 우리를 행복하게 하는가?

모성본능과 변함없는 우정을 통하여

마디 55. 자연 속에서 우리는 왜 행복을 느끼는가?

진화과정 중에 익숙해진 환경이기에

마디 56. 운동을 하면 우리는 왜 행복해지는가?

삶에 보탬이 되는 긍정적 행위이기에

마디 57. 우리보다 큰 것에서 느끼는 것은?

두려움, 존경심, 행복감

마디 58. 구토는 왜 일어나는가?

신체적, 정신적인 안녕을 위하여

마디 59. 신앙은 행복의 최고의 원천인가?

많은 사람들에게 그렇다.

친구와 동물과 자연과 절대자

인간은 이들과 동반함으로써만 행복하다.

MEMo

행복에 이르는 길을 안다고 행복에 이르지 않는다.
그 길을 가는 사람만이 행복에 이른다.

 **마디 60.** **어떻게 행복에 이를 것인가?**

이제까지 우리는 행복과 관련이 있는 여러 가지 사실들을 검토해 왔다. 그렇다면 이제 우리는 우리의 원래의 관심사인 어떻게 행복에 이를 것인가를 생각해 보아야 한다. 행복에 이르는 많은 길이 제시되고 있지만 행복에 이르는 길은 사실 일러준 다고 따라갈 수 있는 길이 아니며, 따라간다고 따라갈 수 있는 길도 아니다.

우리가 '수영의 기술'이라는 책을 읽었다고 해서 그 책의 저자처럼 수영을 잘할 수 있게 되는 것은 아니지만, 적어도 수영을 하려고 할 때 도움이 되기는 할 것이다. 마찬가지로 '행복의 기술'에 대한 논의가 곧장 독자를 행복하게 해주는 것은 물론 아니지만, 행복을 실현하려고 할 때 틀림없이 도움은 될 것이다.

자신이 행복하지 않다면
자신이 어떻게 행복을 멀리하고 있는가를 살펴야 한다.

마디 61. 사람들은 무엇을 할 때 행복한가?

미국 텍사스의 직장여성 900여 명에 대하여 수행한 행복에 대한 조사는 여러 활동이 가져오는 행복도를 보여주었는데, 그 조사결과는 옆의 표와 같다. 물론 이 표에서 볼 수 있는 수치는 평균치이기 때문에 모든 사람에게 적용된다고 할 수는 없지만 일반적인 경향을 들여다보는 데에는 충분하다.

우선 성생활이 가장 행복한 활동임을 확인할 수 있는데, 그렇다면 행복해지기 위해서는 성생활을 많이 해야 한다고 말할 수 있다. 우리 문화의 성에 대한 소극적 태도는 이런 의미에서 행복과 배치된다. 식도락을

활동	행복도	시간
성	4.7	0.2
사교	4.0	2.3
휴식	3.9	2.2
기도/예배/명상	3.8	0.4
식사	3.8	2.2
운동	3.8	0.2
TV 시청	3.6	2.2
쇼핑	3.2	0.4
요리	3.2	1.1
전화	3.1	2.5
아이 돌보기	3.0	1.1
이메일/인터넷	3.0	1.9
가사	3.0	1.1
업무	2.7	6.9
통근	2.6	1.6

활동의 행복도와 시간

어떤 일이 행복에 득이 되는지 독이 되는지 아는 것이
행복에 이르는 첫 관문이다.

즐기는 것처럼 성도락도 즐길 필요가 있다.

성생활을 제외하고서 이들 활동들은 행복에 긍정적 활동, 중립적 활동, 부정적 활동으로 구분할 수 있다. 사교, 휴식, 신앙, 식사, 운동과 같은 활동들은 긍정적인 활동이다. 하지만 시간을 평가해 보면, 기도와 운동에 상대적으로 적은 시간을 사용하고 있다는 것을 알 수 있다. 이 시간들을 늘릴 필요가 있어 보인다.

이에 반해 아이 돌보기, 통신, 가사, 업무, 통근은 부정적이기 때문에 활동을 가능한 한 줄일 필요가 있다. 하지만 우리의 현실적 삶에서 우리는 좀 더 큰 집에서 살기 위하여 통근시간을 늘리고, 조금 더 경제적으로 윤택하기 위하여 근무시간을 늘리고 있는데, 조사결과에 비추어 보면 이는 불행을 자초하는 일이다. 통근시간은 인간을 불행하게 만드는 것으로 악명이 높다. 통근시간을 중화시킬 어떤 활동이 필요하다.

중립적이라고 분류되기는 하지만, 다소간 일반적인 분석과 대립되는 항목은 TV 시청과 아이 돌보기이다. TV 시청은 시청자의 입장에서는 지루함을 덜어주고 행복감을 높여주는 행위이기는 하다. 하지만 다른 활동, 특히 사교나 휴식이나 예배나 운동과 가지는 반비례관계를 고려하면 TV 시청은 행복을 갉아먹는 심각하게 부정적인 요인이다. TV 안 보기 운동에 참여했던 사람들은 모두 이 점을 지적하고 있다.

아이 돌보기는 아이들이 어리면 어린 대로 크면 큰 대로 부모들에게는 부담스러운 일이다. TV 시청이 표면적으로만 즐거운 일이듯이 아이 돌보기는 표면적으로만 부담스러운 일이다. 아이를 돌보는 일과 아이들과 싸우는 일이 고달프기는 하지만 그러한 수고와 고달픔은 보람으로 돌아올 수 있는 일이다. 아이들과 함께 사는 일이 부담스럽다면 그것은 사회나 교육이 무엇인가 잘못된 까닭이지 그 일 자체가 사람을 불행하게 만드는 것은 아니다.

사람은 무엇을 할 때 행복한가? 섹스하고, 사귀고, 휴식할 때

현대인에게 가장 필요한 행복활동은 운동이다.
현대인이 가장 저항해야 할 반행복활동은 TV 시청이다.

마디 62. 사람들은 누구와 함께할 때 행복한가?

시간	행복도
오전 8시	0.5
9시	1.3
10시	1.0
11시	1.2
정오	2.8
오후 1시	2.2
2시	1.1
3시	1.3
4시	1.1
5시	2.2
6시	2.4
7시	2.6
8시	2.9
9시	4

시간별 행복도

앞 마디의 조사는 사람들이 어떤 활동을 할 때 행복한 가와 더불어 하루의 어느 시간에 행복한가, 그리고 누구 와 함께할 때 행복한가도 같이 조사했는데, 그 결과는 옆 의 표와 같다.

아침시간이 불행한 이유는 수면이라는 긍정적 요인이 중단되는 시간이자 통근과 업무라는 부정적 요인이 예상 되는 시간이기 때문이다. 정오에 행복감이 다소 회복되 는 것은 점심시간이 휴식과 식사를 통하여 행복감을 높 여주기 때문이며, 오후시간은 업무와 피로가 중첩되기 때문에 다시 낮은 행복도를 보여준다. 퇴근과 더불어 행 복도는 증대되는데, 사교와 휴식 그리고 성생활이 이 시 간 중의 주요활동이기 때문에 그렇다.

시간별로는 아침시간과 오후시간이 행복도가 낮은 시간

아침시간은 예상 외로 행복하지 않다.
정오와 퇴근 이후의 시간이 상대적으로 행복한 시간이다.

인데, 이에 대하여 균형을 잡으려면 아침운동이나 오후의 커피브레이크와 같은 요령이 필요하다.

　행복의 상대방도 행복의 활동과 비슷한 결과를 보인다. 가장 많은 시간을 차지하는 활동이 업무이기 때문에 가장 많은 시간을 함께하는 사람들도 동료들과 고객들이다. 하지만 이들이 차지하는 행복도는 중립적이다.

　그래도 업무가 활동에서 부정적이었던 것에 비하면 상대적으로 긍정적인데, 상대방에서는 상관이 활동에서 업무가 차지했던 부정적인 자리를 차지하고 있다. 심지어 혼자 있는 것이 상관과 함께 있는 것보다 낫다는 평가를 보면 조직에서의 스트레스를 엿볼 수 있다.

상대방	행복도	시간
친구	3.7	2.6
친척	3.4	1.0
배우자	3.3	2.7
자식들	3.3	2.3
고객들	2.8	4.5
동료들	2.8	5.7
혼자	2.7	3.4
상관	2.4	2.4

상대방의 행복도와 시간

　일반적인 예상과 달리 배우자나 자식들과 있을 때 행복도가 높은 것이 아니라 **친구나 친척**과 있을 때 행복도가 오히려 더 높게 나타나는데, 친구나 친척은 친밀하기는 하지만 책임이 없는 관계이기 때문에 그 부담 없음으로부터 행복도가 더 높게 나타난다.

　만약 친구가 별로 없거나 친지와 별로 접촉이 없는 사람이라면 그 사람은 다른 사람들이 누리는 상당한 행복을 누리지 못하게 된다. 배우자나 자식이 없는 사람도 이 점에서는 마찬가지이다. 행복의 조건이 이러하기 때문에 물건이나 돈이 이유가 되어 친구와 친척, 배우자와 자식들과 소원해진다면 그 사람은 행복의 가장 중요한 상대방들을 놓치게 된다.

사람들은 누구와 함께 있을 때 행복한가?
친구와 친지, 그리고 배우자와 자식들

사람을 혼자 있게 하지 마라. 윗사람은 아랫사람을 피하라.
친구와 친척, 배우자와 자식을 멀어지게 하는 일을 해서는 아니 된다.

전문가들이 지적하는 행복의 조건들은?

다큐멘터리 행복

영국의 국영방송인 BBC에서는 최근의 행복연구의 성과를 확인하기 위하여 6명의 행복전문가로 행복위원회를 만들고 그들이 기획한 '슬라우 행복하게 만들기 프로그램'을 런던 근교 슬라우 시의 자원자들을 대상으로 수행하며 이를 다큐멘터리로 제작하였다. 이 기록은 또한 책으로도 만들어져 나왔는데, 이 프로그램의 일환으로 행복위원회는 행복헌장 십계명을 제정하여 슬라우 지원자들이 실천하게 하였다. 우리나라에서도 문화방송이 또한 이를 시도하였다.

1. 운동을 하라. 일주일에 3회, 30분씩이면 충분하다.

2. 좋았던 일을 떠올려보라. 하루를 마무리할 때마다 당신이 감사해야 할 일 다섯 가지를 생각하라.

3. 대화를 나누라. 매주 온전히 한 시간은 배우자나 가장 친한 친구들과 대화를 나누라.

행복 십계명을 벽에 붙여놓고 매일 점검해 보라.
당신의 삶은 어느덧 행복으로 채워질 것이다.

4. 식물을 가꾸어라. 아주 작은 화분도 좋다. 죽이지만 말라!

5. TV 시청 시간을 반으로 줄여라.

6. 미소를 지어라. 적어도 하루에 한 번은 낯선 사람에게 미소를 짓거나 인사를 하라.

미소

7. 친구에게 전화하라. 오랫동안 소원했던 친구나 지인들에게 연락해서 만날 약속을 하라.

8. 하루에 한 번 유쾌하게 웃어라.

9. 매일 자신에게 작은 **선물**을 하라. 그리고 그 선물을 즐기는 시간을 가져라.

10. 매일 누군가에게 **친절**을 베풀어라.

이를 실천한 사람들은 이 십계명이 그들을 매우 행복하게 만들었다고 증언하였다.

"전 세계의 심리학자들은 행복을 이루는 요소를 찾으려고 연구 중이죠. 그런 최고 전문가와 심리학자들의 길안내를 받으며 행복을 찾는 흥미진진한 여행을 했으니 우리 슬라우는 정말 운이 좋아요."

"행복헌장을 기꺼이 받아들였기에 제 인생은 매우 만족스럽고 흥미진진하게 바뀌었습니다. 이전에는 어떻게 살았나 싶을 정도로요."

"행복헌장을 매일 실천하다 보니 이제는 저절로 그렇게 하게 됩니다. 제 삶이 좋은 의미로 아주 바빠졌습니다."

또 어떤 이들은 행복헌장을 시발점으로 더욱 새로운 아이디어를 내기도 했다. 가령 '행복은 행복을 불러온다'라든지 '호기심을 키우고 매일 놀랄거리를 만들려고 노력하면 사는 것이 훨씬 재미있다'라는 발상 같은 것들이다.

여러분들도 행복하기를 원한다면 이 행복 십계명을 시도해 볼 일이다.

전문가들이 지적하는 행복의 조건들은? 행복헌장 십계명

일반적인 행복지침을 따르라.
자신의 고유한 지침도 개발하라.

마디 64.   행복하고자 하는 노력은 왜 실패하는가?

행복 십계명을 알기 전에도 사람들은 자신의 삶을 행복하게 만들기 위해서 노력해 왔다. 행복 십계명을 따르는 사람들은 왜 이제 제대로 된 행복에의 길을 찾았다고 생각하는가? 그것은 우리가 자신이 진정으로 원하는 것을 몰랐기 때문이다. 이 책의 자매편인 『아버지는 말하셨지 인간을 알아라』를 읽을 필요가 있는 까닭이 바로 여기에 있다.

하이트

하지만 그 책을 읽기 전에 우리는 미국의 행복학자인 하이트(Jonathan Haidth)의 이야기에 귀를 기울일 필요가 있다. 그는 우리가 행복과 관련하여 자신을 오해하고 있다는 사실을 매우 적절한 비유를 통하여 설명하고 있다. 그에 따르면 우리의 자아는 하나가 아니라 둘이다. 그 둘은 코끼리와 코끼리를 몰고 있는 몰이꾼과 같다. 우리가 보통 자아라고 생각하는 것은 의식적인 몰이꾼이지만, 실상 우리의 자아는 이 몰이꾼과 함께하는 코끼리 이 둘의 결합체라는 것이다.

몰이꾼은 코끼리를 몰아서 가기도 하고 서게도 할 수 있다. 오른쪽으로 돌게도 하고

행복도 자신을 제대로 알아야 누릴 수 있다.
자신을 제대로 알기 위해서 '인간을 알아라'를 권한다.

왼쪽으로 돌게도 할 수 있다. 하지만 이러한 몰이는 코끼리가 다른 생각을 가지고 있지 않을 때에만 가능하다. 왼쪽에 먹음직한 먹이가 있는데 코끼리를 오른쪽으로 몰고 갈 수는 없다. 몰이꾼은 코끼리가 저항하고자 하면 통제할 힘을 갖고 있지 않다. 우리의 일상적 행복전술은

코끼리와 몰이꾼

몰이꾼이 세운다. 하지만 몰이꾼은 코끼리가 무엇을 원하는지 제대로 모르고 있다.

　예를 들어 행복 십계명의 1항과 5항을 비교해 보자. 몰이꾼인 의식적인 자아는 TV 프로그램에서 재미를 찾는다. 그에게는 소파에 편안하게 앉아서 재미있는 드라마를 보는 것이 행복이다. 하지만 코끼리인 우리 신체는 자세의 변화 없이 소파에 가만히 앉아 있는 것을 즐기지 않는다. 우리의 또 다른 자아인 신체는 오히려 소파를 박차고 집 바깥으로 나가서 맑은 공기를 마시며 조깅할 때 행복감을 느낀다. 하지만 몰이꾼은 이러한 코끼리를 이해하지 못한다.

　일단 운동을 하고 난 다음에야 몰이꾼은 코끼리가 이를 좋아한다는 것을 이해하지만 자신이 행복의 전술을 세울 때에는 또 이러한 코끼리의 선호를 배려하지 않는다. 행복 십계명은 이러한 코끼리의 선호를 배려하고 있다. 이것이 차이점이다.

　몰이꾼은 오직 계산할 뿐이다. 하지만 그는 그가 다른 존재 즉 코끼리와 함께 있다는 것을, 그리고 다른 몰이꾼들에게 빚이 많다는 것을, 그리고 그가 죽을 것이라는 것을 제대로 계산하지 못한다. 그는 오직 돈을 계산할 수 있을 뿐이다. 하지만 코끼리에게 돈은 먹이를 구할 수 있을 정도면 충분하다. 코끼리에게 돈은 그 정도로만 중요하고 다른 것들이 더욱 중요하다. 이런 의미로 이 책에서 우리는 코끼리가 무엇을 생각하고 무엇을 원하는지를 살펴왔다.

행복하고자 하는 노력은 왜 실패하는가? 몰이꾼이 코끼리를 이해하지 못해서

행복의 추구에서 범하는 실수는 이성만을 신뢰하는 것이다.
이성은 수단이며 감성이 목적이다.

마디 65. 우울한 코끼리를 달래는 법은?

뒤러의 우울

삶에서는 몰이꾼과 코끼리가 같이 가는 것이 아니라 코끼리가 제 마음대로 움직이는 경우도 있다. 이럴 때 몰이꾼은 새파랗게 질려서 등에 납작 엎드려 눈을 감아 버리거나 내동댕이쳐져서 진창에 빠지거나 파국에 이르게 된다. 코끼리가 혼자 가는 세 가지 경우 즉 우울, 공포, 분노에 대하여 이야기해 보자.

우울은 근심스럽고 답답하고 비참하고 슬프고 재미없고 희망 없는 상태이다. 우울은 일반적으로 불행한 사건들과 함께 우리를 찾아온다. 하지만 이러한 우울은 지극히 정상적이며 우리가 살아가면서 자연스레 가지게 되는 다양한 감정, 즉 희노애락들 중의 하나이다. 이러한 경우에 몰이꾼은 그러한 우울의 이유를 알고 있기 때문에 코끼리에게 희망을 속삭이고, 그래서 우리는 쉽게 셋 포인트로 돌아온다.

문제가 되는 우울은 까닭 없고 이유 없는 우울이다. 우울의 이유를 알지 못하기 때문에 몰이꾼은 코끼리의 우울에 제대로 대처할 수 없다. 생화학적으로 이러한 우울

우울은 이유가 있을 수도 있고 없을 수도 있다.
이유가 없는 우울에 우리는 쉽게 파괴적인 이유를 만들어낸다.

은 뇌의 신경전달물질이 교란된 상태이다. 이러한 상태의 유전적 원인은 40-50%로 보고 있다. 이러할 때 몰이꾼은 우울에 의해 높아진 긴장을 해소시킬 사이비 해결책을 모색한다.

한 방향은 자신의 우울을 정당화시키는 것이다. "그래 맞아. 내 인생은 이런 거야. 나는 이럴 수밖에 없는 보잘 것 없는 존재야. 우울하다고? 그렇지. 우울한 것이 당연하지." 이러한 몰이꾼의 반응은 이제 코끼리의 우울에 몰이꾼까지 동참함으로써 우울을 더욱 심화시킨다. 이런 의미로 우울은 자기촉매적이다. 일단 우울증에 걸리면 쉽게 빠져나오지 못하는 까닭이 여기에 있다. 다른 한 방향은 우울을 해소시키기 위하여 충동적으로 행동하는 것이다. 발작적인 소비로부터 마약복용 그리고 자살에 이르기까지 그 스펙트럼은 다양하지만 그것들도 궁극적으로는 코끼리와 몰이꾼 모두를 불행하게 만든다는 사실을 우리는 누구나 알고 있다.

우울에 대한 자가처방은 큰 심신의 에너지를 요구하지 않는 **사소한 일상적인 일을** 하는 것이다. 청소하고 정리하고 재배치하는 일, 산책하거나 운동하는 일과 같은 것이 이에 속한다. 행복한 사람은 계속 움직이지만 우울한 사람은 움직임을 멈춘다는 점을 유념해야 한다. 실험에 의하면 명상보다도 운동이 우울증에 더욱 효과적이다.

그래도 해결이 안 된다면 도움을 받아야 한다. 첫째는 약물이다. 프로작(Prozac)이라는 상표로 팔리는 **항우울제**가 상당한 효과를 가진다는 사실은 이미 널리 알려져 있다. 둘째는 상담이다. 과거에는 친밀한 가족관계가 오늘날 상담이 맡고 있는 역할을 수행하고 있었

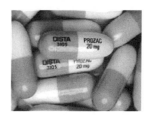

프로작

다. 하지만 고독한 현대인은 상담을 통해서만 도움을 받을 수 있다. 최근에 자살한 몇몇 탤런트들이 상담을 이용했더라면 그들의 목숨을 구할 수 있었을 것이다.

우울한 코끼리를 달래는 법은? 손쉬운 일상 활동과 상담

사소한 일상적 활동이 항우울적 활동이다.
상담과 항우울제에 도움을 청할 수도 있다.

마디 66.   공포에 질린 코끼리에게는?

우울과 마찬가지로 몰이꾼이 어찌할 수 없는 또 다른 상황은 공포이다. 공포는 자신에게 해를 끼칠 수 있는 어떤 상황에 대한 반응이다. 인간은 자신이 모르는 상황은 일단 자신에게 해가 될 수 있는 상황이라고 인식한다. 왜냐하면 이렇게 하는 것이 살아남는 데에 유리하기 때문이다. 진화론적으로 이러한 공포가 우리를 많은 위기상황에서 구해 내었으며, 그래서 우리는 공포를 소중한 재산으로 간직하고 있다.

인간이 이렇게 본능적으로 공포를 느끼는 대상에는 알지 못하는 것 외에 잘 아는 것도 있다. 가장 대표적인 혐오동물인 뱀과 거미가 바로 그것들이다. 일반적으로 사람들은 이것에 공포를 느끼는데, 왜냐하면 인간의 친척인 유인원이 살아가는 환경 중에서 가장 치명

뱀

적인 피해를 입는 두 원천이기 때문이다. 다른 포식동물들과 달리 이들의 접근은 알아채기 힘들고 일단 물리면 치명적이다. 그래서 유인원들은 일단 이들을 보면 마치 사자나 하이에나를 본 것처럼 비명을 질러댄다.

공포를 일으키는 요인은 여러 가지지만,
진화적인 생존기술로 우리는 공포를 획득하였다.

이렇게 공포를 느끼게 하는 것들 중에는 아주 예외적인 것도 있는데, 그것은 다른 사람들의 시선이다. 무대공포증(stage fright)이라고 불리는 이러한 증상은 많은 사람의 시선이 자신에게 집중될 때 생긴다. 원시인류에게 이러한 상황은 도망쳐야 할 그러한 경우였기 때문에 우리의 두뇌는 이러한 상황에 부딪히게 되면 먼 과거의 메커니즘을 작동시킨다. 하지만 뱀이나 거

무대공포

미가 더 이상 우리에게 위협이 되지 못하는 것처럼 시선집중도 마찬가지이다.

하지만 이러한 공포들도 우울처럼 행복과 상극이다. 우울처럼 공포가 자리하면 행복은 허깨비처럼 사라진다. 발생심리학자들에 따르면 통계적으로 인간의 20% 정도는 다른 사람들보다 공포에 대해 민감하고, 남성의 15%와 여성의 5%는 공포에 대해 둔감하다.

공포가 행복을 저해하는 다른 방법도 있다. 공포에 민감한 사람들은 대인관계에서 모르는 사람을 두려워한다. 안정된 사람만이 모험을 즐기기 때문이다. 그래서 두려움이 많은 사람은 다른 사람들과 성공적인 관계를 맺지 못하고 그만큼 행복을 누리지 못한다. 우울이 자기촉매적이듯이 공포도 자기촉매적이다. 몰이꾼이 코끼리와 함께 겁에 질리면 코끼리는 더 이상 의지할 곳이 없게 된다. 몰이꾼이 코끼리를 제대로 다루어야 할 시점이 바로 이때이다. "만약 네가 아무렇지도 않은 얼굴을 하고 네가 겁을 먹었다거나 낭패를 당했다고 보이지 않으면, 너는 덜 겁을 먹을 것이고 덜 낭패를 당할 것이다." 이것이 코끼리를 다루는 법이다. 독일의 철학자 셸러(Max Scheler, 1874-1928)도 인간이 즐거움을 당해 즐겁다는 표정을 짓지 못한다면 즐거움은 곧 사라지게 된다고 지적하였다. 즐거우려면 즐거움을 표현해야 하는 것처럼, **두려움을 표현하지 않는다면 두려움도 사라진다.**

공포에 질린 코끼리에게는? 내색하지 않으면 공포는 줄어든다.

진화적인 생존기술은 이제 무용하기 때문에
우리는 내색하지 않음으로써 공포를 극복할 수 있다.

마디 67. 분노하는 코끼리에게는?

분노

우울과 공포와 더불어 우리를 엄습하는 또 하나의 행복제거 제는 분노이다. 하지만 사실 분노는 공포의 다른 이름이다. 왜 냐하면 분노는 **공포를 극복하기 위한 대안**이기 때문이다. 신체적 이든 심리적이든 어떤 것이 자신의 존재를 위협한다고 생각하 면, 그때 우리는 그러한 위협에 대항하여 분노를 일으킨다.

분노는 우울과 공포가 그러했던 것처럼 우리의 마음을 장악하고 우리의 유일한 지 배자가 되어 행복을 쫓아낸다. 하지만 우리가 제 정신이 들면 이러한 분노 중에 행한 생각과 말과 행위는 언제나 후회스러운 것이다. 그래서 고대 그리스의 철학자 아리 스토텔레스는 "누구나 화를 낼 수 있다. 그것은 쉬운 일이다. 하지만 바른 사람에게 바른 정도로 바른 때에 바른 목적으로 그리고 바른 방식으로 화를 내는 것은 결코 쉽지 않 다"고 지적했다.

그럼에도 불구하고 우리가 계속하여 분노하는 까닭은 분노는 두려움보다 좋은 경 험이기 때문이다. 아이들 싸움에서 최후의 승자는 싸움을 잘하는 놈이 아니라 화를

■
■
■ 분노는
■ 공포를 극복하기 위한 진화적인 생존기술이다.

잘 내는 놈이다. 아직까지 완전히 성숙하지 못한 자아를 가진 아이들의 싸움에서는 분노가 폭발적인 놈이 최후의 승자가 된다. 동물의 세계에서도 어떤 의미에서는 그렇다. 이런 의미로 어깨들의 세계에서 두목은 일반적으로 분노가 큰 사람이다. 히틀러가 그러했던 것처럼.

이러한 분노는 상당히 유전적이다. 이란성 쌍둥이와 일란성 쌍둥이의 분노와 관련된 경향은 아주 큰 차이를 보인다. 하지만 대개의 유전적 기질이 그러하듯이 유전적 기질 그 자체가 반드시 현실화되는 것은 아니다. 그것은 하나의 가능성일 뿐이다. 아무 대치도 하지 않는다면 우리는 **분노의 희생자**가 되고 불행한 삶을 살게 될 가능성이 많다. 하지만 노력을 기울인다면 **분노로부터 자유**를 얻고 행복을 다시 불러들일 수도 있다.

호르몬에 대해서도 같은 이야기를 할 수 있다. 동물을 거세시키면 공격성이 약화되지만 남성호르몬이 다시 주입되면 공격성이 되살아 난다. 이렇게 보면 호르몬이 분명히 분노에 영향을 끼친다. 하지만 분노나 공격성은 학습되는 것이라는 증거도 있다. 서열 2위인 동물에 호르몬이 주입되면 서열 3위나 그 밑의 동물에 분노를 보이지 1위에 분노를 보이지는 않는다. 종로에서 **뺨** 맞고 한강에서 눈 흘긴다는 말은 바로 이를 가리킨다.

설사 분노가 공포보다 나은 것이라고 하더라도 우리는 그것이 우리의 삶을 불행하게 만든다는 사실을 알고 있다. 분노는 공포와 마찬가지로 진화의 적응이다. 하지만 우리는 이미 그러한 상황을 벗어났다. 그래서 동물에게 분노가 성공적인 것처럼 인간에게는 그렇게 성공적이지 못하다. 분노는 급하다. 그래서 분노에 대항하는 방법은 **시간을 끄는** 것이다. 몰이꾼은 이 시간을 이용하여 코끼리를 묶은 줄을 다시 움켜잡는다.

분노하는 코끼리에게는? 넷까지 세도록 하라.

분노는 성급하다.
천천히 숨을 쉬고 숫자를 세면 몰이꾼이 일을 수습한다.

마디 68. 하버드대학에서 가장 인기 있는 강의는?

2006년 3월 10일 미국의 하버드대학에서 가장 인기 있는 강의는 긍정심리학 (Positive Psychology)으로 밝혀졌다. 이 강의에 대해 『보스턴 글로브(*The Boston Globe*)』는 다음과 같이 보도하고 있다.

이번 학기 하버드에서 가장 인기 있는 강의는 행복에 대한 강의이다. 이 강의를 신청한 학생은 855명으로 경제학 개론의 수강신청을 능가하였다. 이 강의의 주된 내용은 많은 자기조력 책(self-help book)과 유사하지만, 그것들과 달리 진지한 심리학적 연구에 기초해 있다.

탈 벤-샤하르

화요일과 목요일 11시 30분 학생들은 강의계획서에 표현된 것처럼 "충족되고 번창하는 삶"을 창조하는 방법을 배우기 위하여 샌더스 극장(Sanders Theatre)에 몰려온다. 이러한 방법은 심리학의 새로운 분야 즉 사람들을 비참하게 느끼도록 만드는 병리 현상들이 아니라 사람들을 기분 좋게 느끼도록 만드는 것들에 초점을 맞추는 긍정심

긍정심리학 강의는 2003년에 처음 개설되었다.
3년 사이에 미국의 100여 개 대학에서 잇달아 개설되었다.

리학의 성과들이다.

생물학 전공의 3학년 낸시 쳉(Nancy Cheng)은 "긍정심리학은 하버드의 모든 학생들이 들을 필요가 있는 그러한 과목일 거예요"라고 말하면서, 또한 다음과 같이 덧붙였다. "오늘날과 같은 빠르고 경쟁적인 환경에서 사람들이 멈춰 서서 호흡할 시간을 갖는 것은 특히 중요하죠. … 내가 하버드에서 보고 경험한 것으로 판단하건대, 내 생각으론 우리 모두가 이와 같은 자기조력을 이용할 수 있습니다." 지난 몇 년 사이 긍정심리학 강의는 미국 전역의 100개 이상의 캠퍼스에서 예상 밖으로 확장 개설되었다.

하버드대학의 총 학부학생이 6,500명이라는 점을 고려하면 이 강의는 한 하기에 전체 학부생의 13% 정도가 수강하고 있는 셈이다. 미국에서 소위 똑똑하다는 학생들이 모여서 공부하고 있는 하버드대학의 학생들이 이렇게 긍정심리학에 열광하는 이유는 무엇일까?

매년 한 명꼴로 자살하는 그들의 경쟁적인 삶의 형편도 하나의 이유일 수 있다. 하지만 자신들이 이제까지 지향하고 살아온 성공만으로는 자신들의 삶이 자신들이 바라는 진정한 삶이 될 수 없으리라는 직관이 있었을 것이다. 그들의 지적 본능이 긍정심리학의 의미에 공감하였기 때문이라고 말한다면 지나친 강변일까?

오늘날 우리는 물을 수 있게 되었다. "우리는 행복한가?" 이러한 물음에 확신을 가지고 답할 수 없다면, "우리는 왜 행복하지 않은가?" "우리는 어떻게 행복해질 수 있는가?"라고 물어야 한다. 아버지는 말하신다. "너희는 행복하여라!" 행복은 우리의 소명이다. 이제까지 살펴온 행복에 대한 이야기들은 독자들이 이 소명을 달성하려고 할 때 분명 참고가 될 것이다.

하버드대학에서 가장 인기 있는 강의는? 행복을 다루는 긍정심리학

행복은 우리 시대의 화두이다.
인간의 삶은 어떤 형태이든지간에 행복을 지향하고 있기 때문이다.

하버드의 인기강사 벤-샤하르가 말하는
〈행복의 여섯 가지 요령〉

탈 벤-샤하르

1. 자신에게 인간이 되도록 허락하라. 우리가 감정들을, 예컨대 두려움, 슬픔, 걱정을 자연스럽게 받아들일 때, 우리는 더 쉽게 그러한 것들을 극복할 수 있다. 우리의 감정을, 그것이 긍정적인 것이든 부정적인 것이든, 거부하는 것은 우리를 좌절과 불행으로 이끈다.

2. 행복은 쾌락과 의미가 교차되는 곳에 있다. 직장에서나 집에서나 개인적으로 중요하면서도 또한 즐거운 활동에 종사하는 것이 중요하다. 이것이 가능하지 않으면, 일주일 동안 당신에게 쾌락과 의미를 모두 제공할 행복증폭기와 같은 계기를 분명히 가지도록 하라.

3. 행복은 대개 우리 마음의 상태에 달려 있는 것이지, 우리의 사회적 지위나 은행 계좌의 잔고에 달려 있는 것이 아니라는 것을 마음에 새겨라. 극단적인 환경을 제외하고, 우리의 행복수준은 우리가 어디에 초점을 맞추느냐(물이 반이나 남았다고 생각할 수도 있고 반밖에 없다고 생각할 수도 있다), 그리고 우리가 외적 사건들을 어떻게 해석하느냐에 따라 정해진다. 예를 들어 실패를 재앙으로 보느냐 아니면 그것을 학습의 기회로 보느냐에 따라 달라진다.

4. 간단하게 만들어라. 일반적으로 우리는 점점 더 많은 활동을 점점 더 적은 시간에 해치우려고 하기 때문에 너무도 바쁘다. 양이 질에 영향을 끼친다. 우리는 너무

많은 것을 하려고 함으로써 우리의 행복을 위험하게 만들고 있다.

벤-샤하르의
『행복의 문제』

5. 몸과 마음의 연결을 유념하라. 우리의 몸을 가지고 하는 일과 하지 않는 일이 마음에 영향을 끼친다. 정기적인 운동, 적당한 수면, 그리고 건강한 식사습관이 신체적이고 정신적인 건강을 이끈다.

6. 가능할 때마다 감사하라. 우리는 너무 자주 우리의 삶을 당연하게 생각한다. 감사하는 것을 배우고 인생의 멋진 일들, 멋진 사람들로부터 멋진 음식까지, 멋진 자연으로부터 먼지 미소까지 모든 것을 음미하라.

하버드 샌더스 극장의 벤-샤하르의 행복강의

마디 69.   행복을 가르칠 것인가?

영국의 언론들은 2006년 4월 17일 일제히 다음과 같은 기사를 내보냈다.

웰링턴 칼리지

영국의 전통 있는 명문 사립학교인 웰링턴 칼리지 (Wellington College)에서는 물질욕과 명예욕 때문에 생긴 사회적인 폐악과 싸우기 위하여 행복에 관한 수업을 개설하기로 했다고 발표하였다.

14세에서 16세 사이의 학생들에게 일주일에 한 번 행복에 대한 수업이 실시될 예정인데, 여기서는 인간관계, 정신적 · 육체적 건강, 부정적인 감정을 어떻게 관리할 것인지, 그리고 어떻게 자신의 꿈을 실현시킬 것인지 등에 대한 기술을 배우게 된다.

이 정책의 입안자인 교장 셀던(Anthony Seldon)은 이 학교의 종교교육 담당자가 이 과목을 전통적인 종교교육을 대신해서라기보다 보충하기 위하여 가르칠 예정이라고 설명하였다. 또 그는 이러한 정책에 대하여 다음과 같이 말하기도 했다.

"나에게는, 어떤 학교든 가장 중요한 일은 젊은 남자들과 여자들을 행복하고 안정

웰링턴 칼리지는 학생들을 지적으로, 예술적으로, 미적으로, 신체적으로, 음악적으로, 그리고 정신적으로 성장시키고자 한다.

된 사람으로 변화시키는 것이며, 이것이 교육부의 어떤 방침
보다도 더 중요하다고 생각합니다."

앤서니 셀던

"명예와 부(富)는 10대들에게 너무나 자주 성공의 시금석으
로 간주되지만, 이러한 것들에는 행복이 깃들지 않습니다."

"우리 아이들은 사회가 더 부유해질수록 사회가 더 행복해지지 않는다는 사실을,
사회과학적인 연구들이 일반적으로 밝혀낸 이러한 사실을 알 필요가 있습니다."

우리 세대가 행복에 대하여 다시 생각하는 것도 필요하지만, 우리 세대가 만들어
놓은 미신들을 철없이 받아들인 미래세대를 각성시키는 깃도 또한 필요하다. 이 학
교의 교장은 명문대학에 진학시키는 것도 중요하지만 아울러 학생들이 균형 잡힌 세
계관을 갖는 것도 또한 중요하다고 지적하고 있다.

그는 이러한 수업을 통하여 학생들에게 어떤 인간이 행복하며, 자기가 누구이며,
자기가 인생에서 원하는 것이 무엇인지를 깨우치게 하겠다고 약속하였다. 그는 훌륭
한 학점을 받지만 고통받는 많은 학생들을 보아 왔으며, 이런 까닭에 졸업 후 학생들
의 삶이 참된 삶으로부터 멀어지는 것을 또한 보아 왔다고 고백하면서, 교사로서 자
신은 학생들이 삶을 더 행복하고 참되게 살아가도록 도울 의무가 있다고 지적하였
다.

우리나라의 교육환경을 불평하면서 유학을 가는 영국의 교육환경을, 우리가 우리
의 교육환경을 평가하는 것과 똑같이 공격하는 교장의 고백과 이러한 상황을 개선하
기 위한 그의 결심을 보면서 '우리도 이와 같은 시각을 가져야 되지 않겠는가?' 라고
묻게 된다. 그들이 누구든 배울 것을 가진 사람들에게서는 배워야 하지 않겠는가?

행복을 가르칠 것인가? 물론이다. 그것도 행복하게

웰링턴 칼리지 교장 셀던은 다중 지성을 강조한다.
시험에만 성공하지 않고 삶에서도 성공하는 전방위 지성

마디 60.　어떻게 행복에 이를 것인가?

마디 61.　사람들은 무엇을 할 때 행복한가?

　　　　섹스하고, 사귀고, 휴식할 때

마디 62.　사람들은 누구와 함께할 때 행복한가?

　　　　친구와 친지, 그리고 배우자와 자식들

마디 63.　전문가들이 지적하는 행복의 조건들은?

　　　　행복헌장 십계명

마디 64.　행복하고자 하는 노력은 왜 실패하는가?

　　　　몰이꾼이 코끼리를 이해하지 못해서

마디 65.　우울한 코끼리를 달래는 법은?

　　　　손쉬운 일상 활동과 상담

마디 66.　공포에 질린 코끼리에게는?

　　　　내색하지 않으면 공포는 줄어든다.

마디 67.　분노하는 코끼리에게는?

　　　　넷까지 세도록 하라.

마디 68.　하버드대학에서 가장 인기 있는 강의는?

　　　　행복을 다루는 긍정심리학

마디 69.　행복을 가르칠 것인가?

　　　　물론이다. 그것도 행복하게

자신이 행복하지 않다면

자신이 어떻게 행복을 멀리하고 있는가를 살펴야 한다.

꼬리말

여기까지 읽어 오신 독자 여러분께 감사의 인사를 드린다. 여러분과 함께 행복에 이르는 길을 같이 걸으려고 했는데, 이 책이 제대로 된 안내가 되었는지 걱정이 앞선다.

하지만 그래도 위안이 되는 일이 하나 있으니, 여기까지 읽어 오신 독자 여러분은 적어도 이 책을 펼치기 전보다는 행복에 대하여 더 큰 관심을 가지게 되었으리라는 믿음이다.

필자의 모자라는 필력이 여러분을 제대로 이끌지 못하였다 하더라도 여러분들이 나머지 길을 헤쳐 가시리라 믿으며 이제 이 책을 접으려고 한다.

자세한 출전을 원하는 독자는 이 책의 자매편으로 조만간 출간될, 이 책 두 배의 길이를 가지는 『행복: 열두 이야기』를 참고하시면 되겠다. 이 책에서는 독자의 번잡함을 피하기 위하여 출전을 일일이 표시하지 않았다.

『아버지는 말하셨지』는 시리즈로 기획되었다. 앞으로 몇 권의 책이 더 나올 예정이다. 이 책들을 통하여 여러분들을 다시 뵙기를 희망한다.

2007년 봄 김성동

아버지는 말하셨지 너희는 행복하여라!
아리스토텔레스도 말했지 행복은 삶의 유일한 목표라고

인용 및 참고문헌

이 책은 다음 문헌들에서 여러 내용과 도표를 인용하였다. 독자들의 번잡함을 피하기 위하여
일일이 인용처를 밝히지는 않았다.

Daniel Nettle, *Happiness*(Oxford University Press, 2005)

Darrin McHahon, *Happiness: a History*(New York: Atlantic Monthly Press, 2006)

David Lykken, *Happiness*(New York: St. Martin's Griffin, 1999)

David Myers, *The Pursuit of Happiness*(New York: Quill, 1992)

Jonathan Haidt, *The Happiness Hypothesis*(New York: Basis Books, 2006)

Martin Seligman, *Authentic Happiness*(New York: Free Press, 2002)

Mihaly Csikszentmihalyi, *Flow*(New York: Harper Perennial, 1990)

Richard Layard, *Happiness*(New York: The Penguin Press, 2005)

Walster & Walster, *A New Look at Love*(Reaing: Addison-Wesley, 1978)

아가일 지음/김동기 외 옮김, 『행복심리학』(서울: 학지사, 2001)

호가드 지음/이경아 옮김, 『영국 BBC 다큐멘터리 행복』(서울: 예담, 2006)

저자 김성동

서울대학교 독어교육과를 졸업하고, 서울대 대학원 철학과(석사)와 서울대 교육대학원 윤리교육과(석사)를 졸업하였다. 서울대 대학원 철학과에서 박사학위를 받았으며, 현재 호서대학교 철학과 교수로 재직 중이다.
주요 저서 및 논문으로 『인간: 열두 이야기』, 『문화: 열두 이야기』, 『영화: 열두 이야기』, 『기술: 열두 이야기』, 『소비: 열두 이야기』, 『아버지는 말하셨지 인간을 알아라』, 「쉘러와 하이데거에 있어서의 인간의 문제」, 「자아실현의 과정에 관한 일 연구」, 「상호주관성 이론의 재구성」, 「컴퓨터시대의 인간의 위치」 등이 있고, 역서로는 『메를로-뽕띠: 사회철학과 예술철학』, 『실천윤리학』, 『기술철학』, 『현상학적 대화철학』, 『다원론적 상대주의』 등이 있다.

아버지는 말하셨지 너희는 행복하여라

지은이　　김성동

1판 1쇄 발행　　2007년 6월 15일
1판 1쇄 인쇄　　2007년 6월 20일

발행처　　철학과현실사
발행인　　전춘호

등록번호　　제1-583호
등록일자　　1987년 12월 15일

서울특별시 서초구 양재동 338-10호
전화번호 579-5908
팩시밀리 572-2830

ISBN 978-89-7775-630-4 03130
값 8,000원

●잘못된 책은 교환해 드립니다.